Häkelbuch
Süß & Lecker

Bildnachweis:

Archivio Giunti/Andrea Fantauzzo, Florenz
Rezeptfotos Seite 17, 21, 31, 43, 51, 61, 86, 99: TLC Fotostudio;
Seite 27: © Olga Lyubkin – Fotolia.com

Häkelbuch
Süß & Lecker

REZEPTE ZUM HÄKELN UND BACKEN

Einleitung

Zeit für Süßes!

Kleine Meisterwerke der Patisserie sind beliebt wie nie zuvor.

Sehen Sie hier, wie man sogar mit der Häkelnadel entzückendes Backwerk gestalten kann: Garne und Farben verbinden sich zu Schlingen, Schlaufen und Borten, die ihren essbaren Vorbildern zum Verwechseln ähnlich sehen.

Mit den Projekten in diesem Buch können Sie ohne Reue genießen. Garne in kräftigen Farben lassen alle Tortenträume wahr werden. Mit den Regenbogen-Lollipops machen Sie aus jedem kleinen Fest eine bunte Party, und mit Lebkuchenmännchen, Macarons oder Ostereiern kreieren Sie wunderbare kleine Geschenke für verschiedene Gelegenheiten.

Die fruchtigen Cupcakes und Muffins dienen zugleich als Schatzkästchen für kleine Kostbarkeiten. Als Schminkdöschen oder Aufbewahrungsort für den Lieblingsschmuck werden Sie zu attraktiven Wohn-Accessoires.

Die kleinen Häkelprojekte machen einfach nur Spaß – beim Anfertigen sowie später beim Anschauen – und bilden Farbtupfer in Küche und Esszimmer.

Gewiss läuft Ihnen schon bei der Auswahl einer Häkelarbeit das Wasser im Munde zusammen. Für Schleckermäuler gibt es die echten Backrezepte der Häkelmodelle zum Nachbacken. In diesem Sinne: Viel Freude mit den Häkel- und Backideen aus diesem Buch!

Einleitung

Um die Modelle aus diesem Buch nachzuarbeiten, werden grundlegende Häkelkenntnisse und auch etwas Erfahrung vorausgesetzt. Speziellere Maschen werden jedoch auf den folgenden Seiten noch einmal erläutert.

Abkürzungen

Luftmasche	Lfm	halbes Stäbchen	hSt
Kettenmasche	Km	einfaches Stäbchen	St
Masche	M	Doppelstäbchen	DSt
feste Masche	fM	tiefer gestochene feste Masche	TfM
Krebsmasche	Krm	wiederholen	wdh

Ein Sternchen * zeigt an, von wo an ein Arbeitsvorgang wiederholt werden soll. Wenn in Runden gehäkelt wird, wird die Runde mit 1 Km in die erste M der Vorrunde geschlossen. Die erste fM wird durch 1 Lfm, das erste St durch 3 Lfm ersetzt.

Einleitung

BAND MIT EINER FESTEN MASCHE

2 Lfm anschlagen

Reihe 1: 1 fM in die 2. Lfm von der Nadel aus. Die Arbeit wenden

Reihe 2: 1 fM in die Wende-Lfm des Anschlags häkeln, dabei nur die äußere Schlinge fassen. Die Arbeit ohne Wende-Lfm wenden

Reihe 3: Am oberen Rand liegen nun 2 Schlingen. * In diese 2 Schlingen 1 fM häkeln. Ohne Wende-Lfm wenden. Ab * wdh, bis die gewünschte Länge erreicht ist

BAND MIT ZWEI FESTEN MASCHEN

3 Lfm anschlagen

Reihe 1: 2 fM, dabei in die zweite M von der Nadel aus einstechen. Die Arbeit wenden; der Faden liegt locker hinter der Arbeit

Reihe 2: * 2 fM. Wenden. Ab * wdh, bis die gewünschte Länge erreicht ist

Diese beiden einfach herzustellenden Bänder kommen bei vielen der folgenden Modelle als Schmuckelement zum Einsatz.

Einleitung

IN RUNDEN HÄKELN

Beim Arbeiten von flachen Scheiben, z. B. für „Tortenböden", kommt es auf gleichmäßige Zunahmen an; mit 6 Zunahmen pro Runde bleibt die Scheibe flach, bei weniger oder mehr Zunahmen krümmt sie sich.

6 Lfm anschlagen und mit 1 Km zum Ring schließen

Runde 1: 12 fM in den Ring häkeln

Runde 2: Jede zweite M der Vorrunde verdoppeln

Runde 3 und folgende: fM, wobei regelmäßig 6 x 1 M der Vorrunde verdoppelt wird (immer über den Zunahmen der Vorrunde)

Die nebenstehende Abbildung zeigt in Hin- und Rückreihen tiefer gestochene feste Maschen.

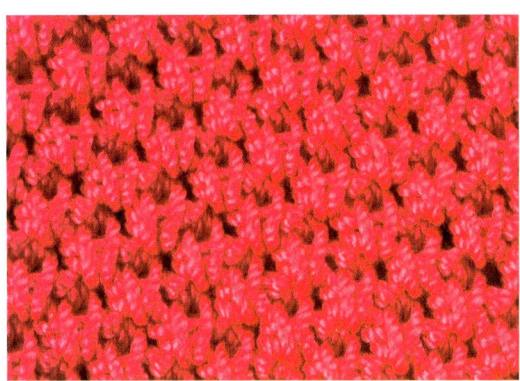

TIEFER GESTOCHENE FESTE MASCHEN (TfM)

Diese Technik erfordert zwar etwas mehr Garn, verleiht der Arbeit aber eine höhere Festigkeit und ist deshalb besonders geeignet für die Herstellung von Seitenwänden.

Runde 1: fM

Runde 2: * 1 TfM, wobei man unter die M der Vorreihe einsticht, 1 fM. Ab * wdh

Runde 3: * 1 fM, 1 TfM. Ab * wdh

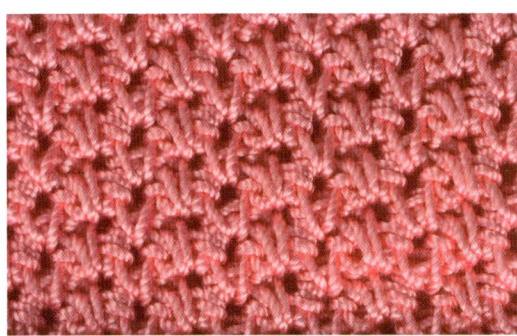

Einleitung

BORTEN

Spitzen können separat oder an das Basisprojekt angehäkelt werden.

Krm: R-Anfang ist links! In 1. M von links einstechen, Faden durchholen, Faden holen und durch beide Schlaufen ziehen. In nächste M rechts davon einstechen, usw.

KREBSMASCHEN

Krebsmaschen (oben) sind feste Maschen, die von links nach rechts gehäkelt werden. Sie dienen als Abschluss und sollten regelmäßig gearbeitet werden.

ZWEI TEILE VERBINDEN

Stechen Sie die Nadel jeweils durch beide Maschenglieder der beiden Kanten, die zusammengenäht werden sollen.

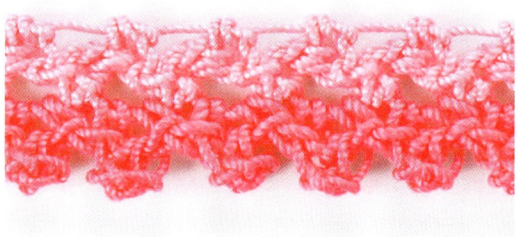

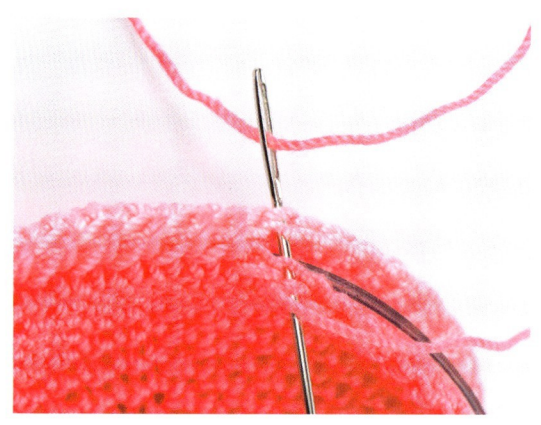

Einleitung

MATERIAL

Die Wahl des Materials ist wichtig: Es sollte immer von allerbester Qualität sein, damit sich die Arbeit lohnt und das Ergebnis lange erfreut. Je nach Modell werden Häkelnadeln, Stick-, Näh- und Stecknadeln, Schere und Garn zum Aufnähen von Schmuckelementen benötigt.

Auch Papp- oder Spanholzschachteln werden verwendet; vielleicht können Sie vorhandene Döschen zu neuem Leben erwecken. Außerdem brauchen Sie Plastikbecher und -tassen.

Weiteres Material: Styroporkugeln und -eier, Papp- und Filzscheiben, Füllwatte, Japanpapier in verschiedenen Farben, Klebstoff und Pinsel.

Unsere Modelle

Buttercreme, Schokolade, Baiser und Mürbeteig – Genuss ganz ohne Reue

Schokoladenbecher

Diese bunten Becher sind ganz einfach nachzuhäkeln. Da lässt man sich gerne in Versuchung führen!

MATERIAL
50 g Baumwoll-Häkelgarn (Reste) in Brauntönen und Pastellfarben Ihrer Wahl,
Häkelnadel Nr. 2, Nähnadel,
Füllwatte, Karton

Schokoladenbecher

BECHER

5 Lfm in Braun anschlagen und mit 1 Km zum Ring schließen

Runde 1: 10 fM in den Ring häkeln und Rd mit 1 Km schließen

Runde 2: Jede zweite M verdoppeln

Runde 3: Jede dritte M verdoppeln

Runde 4–6: fM ohne Zunahmen

Runde 7: Gleichmäßig verteilt 3 M verdoppeln

Runde 8: fM ohne Zunahmen

Runde 9: Krm (siehe S. 10)

SAHNEHAUBE

18 Lfm in einer beliebigen Farbe anschlagen; 6 St in die vierte M von der Nadel aus, dann je 7 St in die nächsten 9 Lfm, in die restlichen Lfm je 7 DSt häkeln. So entsteht ganz von selbst eine Spirale oder, wenn man den Streifen langzieht, eine Rüsche.

FERTIGSTELLUNG

Aus Karton einen Kreis mit etwa 1 cm Durchmesser ausschneiden und den Becherboden damit stabilisieren. Mit Füllwatte ausstopfen. Die „Sahne" mit kleinen überwendlichen Stichen auf dem Becher annähen.

REZEPT

BLAUBEER-CUPCAKES MIT SAHNE

Den Backofen auf 175 °C (150 °C Umluft) vorheizen.

Ein Muffinblech mit Papierförmchen auslegen. Butter mit Zucker und 1 Päckchen Vanillezucker schaumig schlagen. Die Eier einzeln unterrühren. Mehl mit Backpulver mischen und abwechselnd mit der Milch unter den Teig rühren.

Die Blaubeeren waschen, verlesen und trocken tupfen. 125 g vorsichtig unter den Teig heben. Den Teig gleichmäßig auf die Förmchen verteilen und auf der mittleren Einschubleiste 20–25 Minuten backen. Danach auf einem Kuchengitter auskühlen lassen.

Die Schlagsahne mit 2 Päckchen Vanillezucker und Sahnesteif sehr steif schlagen. Mit einem Löffel auf den abgekühlten Cupcakes verteilen und mit den restlichen Blaubeeren garnieren. Sofort servieren.

Zutaten
100 g weiche Butter, 150 g Zucker, 3 P. Vanillezucker, 2 Eier, 120 g Mehl, 1 Tl Backpulver, 100 ml Milch, 200 g Blaubeeren, 200 g Sahne, 1 P. Sahnesteif

Außerdem
Papierförmchen für die Form

Zubereitungszeit
ca. 30 Minuten (plus Zeit zum Backen und Abkühlen)

Lollipops in Regenbogenfarben

Verwenden Sie Garn in Ihren Lieblingsfarben oder auch Garnreste. Die Ergebnisse sehen immer gut aus!

MATERIAL

Insgesamt 50 g dünnes Baumwoll-Häkelgarn in verschiedenen Farben, Häkelnadeln Nr. 2, Füllwatte, Karton, Holzspieße

Lollipops in Regenbogenfarben

Die Lollipops werden alternativ mit tiefer gestochenen festen Maschen, aus kleinen Blüten oder aus spiralförmig zusammengenähten Bändern gearbeitet.

KREISLOLLI

6 Lfm anschlagen und mit 1 Km zum Ring schließen

Runde 1: 12 fM in den Ring häkeln und mit 1 Km schließen

Runde 2: Jede zweite M verdoppeln

Runde 3: * 1 fM verdoppeln, 1 TfM. Ab * wdh

Runde 4: Mit anderer Farbe fM mit Zunahmen

Runde 5: * 1 fM verdoppeln, 2 TfM. Ab * wdh

Runde 6: Mit anderer Farbe fM mit Zunahmen

Runde 7: * 1 fM verdoppeln, 3 TfM. Ab * wdh

Eine zweite Scheibe arbeiten, aufeinanderlegen und in der letzten Runde zusammennähen.

BLÜTENLOLLI

6 Lfm anschlagen und mit 1 Km zum Ring schließen

Runde 1: 3 Lfm (als St-Ersatz) 23 St in den Ring häkeln, mit 1 Km schließen

Runde 2: * 3 fM, 3 M überspringen, 3 Lfm. Ab * wdh

Runde 3: 1 fM, 4 St in jeden Lfm-Bogen

Runde 4: Farbe wechseln * 1 fM zwischen zwei Blütenblätter, 5 Lfm. Ab * wdh

Runde 5: * 1 fM, 1 St, 4 DSt, 1 St, 1 fM in den Lfm-Bogen. Ab * wdh

WINDRADLOLLI

Zwei verschiedenfarbige Bänder mit einer festen Masche (siehe S. 8) mit Nadelstärke 1,5 von 15 cm Länge häkeln. Die beiden Bänder spiralförmig umeinanderlegen und festnähen.

REZEPT

KONFETTI-CAKE-POPS

Den Backofen auf 160 °C (Umluft 140 °C) vorheizen, eine kleine Kastenform (ca. 18 cm Länge) einfetten. Butter und Zucker schaumig schlagen, das Ei zugeben und gut unterrühren.

Das Mehl mit dem Backpulver vermischen und nach und nach unterrühren. Den Teig in die Form geben und den Kuchen auf der mittleren Schiene ca. 15 Minuten backen. 30 Minuten in der Form abkühlen lassen, dann aus der Form stürzen und auf einem Kuchengitter vollständig auskühlen lassen.

Den Frischkäse mit dem Puderzucker gründlich verrühren. Die dunklen Ränder des Kuchens wegschneiden und den Kuchen mit den Händen zerbröseln.

Die Frischkäsemasse mit den Kuchenbröseln vermischen und aus der Masse 12 Kugeln formen. Die Teigkugeln etwa 1 Stunde in den Kühlschrank legen und fest werden lassen. Schneller geht es im Tiefkühlfach! Die gut durchgekühlten Teigkugeln auf Cake-Pop-Sticks spießen.

Für die Verzierung Puderzucker und Orangensaft zu einem dicken Guss verrühren und einfärben. Die Cake Pops in den Guss tauchen, in Zuckerkonfetti wälzen, dann trocknen lassen.

Für den Teig
70 g weiche Butter, 70 g feiner Zucker, 1 Ei, 75 g Mehl, 1 Msp. Backpulver, 40 g Frischkäse, 70 g gesiebter Puderzucker

Für die Verzierung
300 g Puderzucker, 8 El Orangensaft, orangefarbene Lebensmittelfarbe, Zuckerkonfetti

Außerdem
Butter für die Form

Zubereitungszeit
ca. 35 Minuten (plus Zeit zum Backen, Trocknen und Abkühlen)

Lebkuchen- männchen

In diese lustigen Lebkuchenmännchen möchte man fast reinbeißen, so echt sehen sie aus.

MATERIAL

50 g Baumwoll-Häkelgarn in Lebkuchenbraun, Garnreste in Rot und Weiß, Häkelnadel Nr. 2, Füllwatte

Lebkuchenmännchen

KÖRPER

Der Körper besteht aus zwei gleichen Teilen, an die die vier getrennt gearbeiteten halben Arme angenäht werden. Man beginnt mit den Füßen.

4 Lfm in Braun anschlagen

Reihe 1: 3 fM, dabei in die zweite M von der Nadel aus einstechen

Reihe 2: fM, dabei die erste und die letzte M der Vorreihe verdoppeln (= 5 M)

Reihe 3: fM, dabei die erste und die letzte M der Vorreihe verdoppeln (= 7 M)

Reihe 4–10: Ohne Zunahmen fM häkeln

Das zweite Bein ebenso arbeiten.

Reihe 11: 7 fM, die beiden Beinteile mit 1 Km verbinden, 7 fM

Reihe 12: 7 fM, 2 fM in die Km, 7 fM

Reihe 13: 8. und 9. M zus abmaschen

Reihe 14: fM

Reihe 15: 8. und 9. M zus abmaschen

Reihe 16: fM

Reihe 17: 7. und 8. M zus abmaschen

Reihe 18: fM

Reihe 19: 7. und 8. M zus abmaschen

Reihe 20: fM

Reihe 21: 6. und 7. M zus abmaschen

Reihe 22: fM

Reihe 23: 6. und 7. M zus abmaschen

Reihe 24: fM

Reihe 25: 5. und 6. M zus abmaschen

Reihe 26: fM

Reihe 27: 5. und 6. M zus abmaschen

Reihe 28: fM

Reihe 29: 4. und 5. M zus abmaschen

Reihe 30: fM

Reihe 31: 4. und 5. M zus abmaschen

Reihe 32: fM

Reihe 33: 3. und 4. M zus abmaschen

Reihe 34: fM

Reihe 35: 3. und 4. M zus abmaschen

KOPF

2 Lfm in Braun anschlagen

Runde 1: 12 fM in die zweite Lfm von der Nadel aus häkeln, wobei die Schlaufe der Luftmasche im Inneren bleibt. Faden festziehen

Runde 2: fM, dabei jede zweite M verdoppeln

Runde 3: fM, dabei jede dritte M verdoppeln

Runde 4: fM, dabei jede vierte M verdoppeln

Runde 5–6: fM ohne Zunahmen

Runde 7–11: In jeder Runde 6 fM abnehmen, bis nur noch 6 fM übrig sind. Faden abschneiden und vernähen

ARME

4 Lfm in Braun anschlagen

Reihe 1: 3 fM, dabei in die zweite Lfm von der Nadel aus einstechen

Reihe 2: Die erste und die letzte M der Vorreihe verdoppeln (= 5 M)

Reihe 3–10: fM

Reihe 11: Die letzten beiden M zus abmaschen (= 4 M)

Reihe 12: fM

Reihe 13: Die letzten beiden M zus abmaschen (=3 M)

Reihe 14: fM

Reihe 15: Die letzten beiden M zus abmaschen (= 2 M)

Reihe 16: fM

Reihe 17: Die beiden M zus abmaschen. Faden abschneiden und durchziehen

Auf diese Weise noch weitere drei Armteile häkeln.

Lebkuchenmännchen

BAND

Aus weißem Garn Bänder mit einer festen Masche (siehe S. 8) häkeln: für jeden Arm 2 cm, für jedes Bein 3 cm und für den Körper 5 cm.

FLIEGE

4 Lfm in Rot anschlagen, 2 St in die 4. M von der Nadel, 3 Krm zurück zur ersten Lfm; auf der anderen Seite 3 Lfm, 2 St, mit 3 Krm zur allerersten Lfm zurück. Faden abtrennen und vernähen.

FERTIGSTELLUNG

Die Arme an den Körper nähen und die beiden Körperhälften mit Km links auf links zusammenhäkeln. Den Körper mit etwas Füllwatte ausstopfen. Den Kopf ebenfalls mit Füllwatte füllen und an den Körper nähen. Die Zierbänder aufnähen.

Mit weißem Garn Augen und einen Mund sticken. Mit rotem Garn Knötchenstiche sticken und die Fliege an den Hals nähen. Alle Fäden vernähen.

REZEPT

PFEFFERKUCHEN-MÄNNCHEN

Den Honig mit Zucker und Butter in einem Topf unter Rühren erwärmen, bis sich der Zucker aufgelöst hat. Abkühlen lassen.

Das Mehl mit den Mandeln, dem Kakao, der Zitronenschale und den Gewürzen mischen. Die Mehlmischung, das Ei und die Honigmischung zu einem glatten Teig verarbeiten. Die Pottasche in 1 El Wasser auflösen, unterrühren und den Teig kneten, bis er glänzt. Den Teig abgedeckt über Nacht in den Kühlschrank stellen.

Den Backofen auf 180 °C (Umluft 160 °C) vorheizen. Den Teig auf der bemehlten Arbeitsfläche erneut durchkneten und 5 mm dick ausrollen. Mit Ausstechern Figuren ausstechen und auf ein mit Backpapier ausgelegtes Blech geben. Im Ofen 10–12 Minuten backen. Die Figuren auf einem Kuchengitter abkühlen lassen.

Den Puderzucker mit dem Zitronensaft verrühren. Die Hälfte der Mischung rot färben. In einen Spritzbeutel mit sehr feiner Tülle füllen, und die Figurenformen mit rotem und weißen Guss nachzeichnen und verzieren.

Zutaten
250 g Honig
250 g brauner Zucker
150 g Butter
450 g Mehl
100 g gemahlene Mandeln
1 El Kakao
1 Tl abgeriebene Schale
von 1 unbehandelte Zitrone
2 Tl Lebkuchengewürz
1 Tl Zimt
1 Ei
1 Tl Pottasche
150 g Puderzucker
3 El Zitronensaft
rote Lebensmittelfarbe
Mehl für die Arbeitsfläche

Zubereitungszeit
ca. 30 Minuten (plus Zeit zum Backen und Abkühlen)

Macarons ... wie echt

Welche Geschmacksrichtung soll es denn sein? Egal, Hauptsache die Farben passen zueinander!

MATERIAL
50 g Baumwoll-Häkelgarn in verschiedenen Farben (Reste),
Häkelnadel Nr. 2, Karton,
Schaumstoff (etwa 1 cm dick) oder Füllwatte

Macarons ... wie echt

MACARON-SCHALE

11 Lfm anschlagen

Reihe 1: 10 fM

Reihe 2–7: fM, dabei die erste und die letzte M verdoppeln

Reihe 8–17: fM

Reihe 18–23: Jeweils die ersten beiden und die letzten beiden M zusammen abmaschen (=10 M)

Reihe 24: fM

Für jeden Macaron zweimal die Teile arbeiten sowie ein 14 cm langes Band mit einer festen Masche (siehe S. 8) in einer anderen Farbe häkeln.

FERTIGSTELLUNG

Aus Schaumstoff zwei Scheiben mit 4 cm Durchmesser ausschneiden, je eine in eine Schale legen und die beiden Teile mit überwendlichen Stichen zusammennähen.

Das Band um die Naht legen und festnähen.

REZEPT

ERDBEER-MACARONS MIT MINZE

Ein Backblech mit Backpapier belegen. Eiweiß mit 1 Prise Salz steif schlagen. Zucker und Lebensmittelpaste dazugeben und so lange weiterschlagen, bis sich die Zuckerkristalle aufgelöst haben und die Masse wieder ganz steif ist.

Die gemahlenen Mandeln mit dem Puderzucker mischen und das Backpulver unterrühren.

Puderzucker-Mandel-Mischung unter den Eischnee heben. Die Masse in einen Spritzbeutel mit glatter Lochtülle füllen und 26 gleichmäßige Tupfen auf das Backblech spritzen. 20–30 Minuten zimmerwarm trocknen lassen. Den Backofen auf 150 °C vorheizen. Die Macarons 8–14 Minuten auf der mittleren Schiene backen. Sie sollten nicht braun werden. Herausnehmen und abkühlen lassen.

Für die Füllung die Erdbeeren waschen, trocknen und putzen. Mit dem Sirup pürieren. Teelöffelweise unter die Butter rühren, zum Schluss die fein gehackte Minze unterrühren.

Die Creme auf 13 Macaronschalen streichen. Die übrigen Schalen daraufsetzen und leicht andrücken. Luftdicht verpacken und für mindestens 2 Stunden kühl stellen.

Für die Baisermasse
1 Eiweiß, 1 Prise Salz, 20 g Zucker, etwas grüne Lebensmittelpaste, 50 g sehr fein gemahlene Mandeln, 75 g Puderzucker, 1 Msp. Backpulver

Für die Füllung
50 g Erdbeeren, 50 ml Erdbeersirup, 100 g zimmerwarme Butter, 1 El frisch gehackte Minzblättchen

Zubereitungszeit
ca. 30 Minuten (plus Ruhe-, Back- und Kühlzeit)

Erdbeer-Cupcakes

Kleine Behälter für die süßen Momente im Badezimmer.

MATERIAL

Je 50 g Baumwoll-Häkelgarn in Braun, Cremeweiß, Rot, Rosa, Grün, Häkelnadel Nr. 2, schwarzes Nähgarn, Nähnadel, Karton, Schaumstoff (etwa 1 cm dick) oder Füllwatte, Plastikbecher, gewölbte Form mit 7 cm Durchmesser für den Deckel, rotes oder weißes Japanpapier, Klebstoff, Pinsel

Erdbeer-Cupcakes

BECHER

6 Lfm in Braun anschlagen und mit 1 Km zum Ring schließen

Runde 1: 12 fM in den Ring häkeln

Runde 2: Jede zweite M verdoppeln (= 18 M)

Runde 3–5: fM mit Zunahmen (= 24/30/36 M)

Runde 6–7: fM ohne Zunahmen

Runde 8, 10, 12, 14, 16: In jeder Runde 2 M zunehmen

Runde 9, 11, 13, 15, 17: fM ohne Zunahmen

Runde 18: Krm

DECKEL

Außenseite

6 Lfm in Rosa anschlagen und mit 1 Km zum Ring schließen

Runde 1: 12 fM in den Ring häkeln

Runde 2: Jede zweite M verdoppeln

Runde 3–7: fM mit Zunahmen (= 24/30/36/48 M)

Runde 8: fM ohne Zunahmen

Runde 9: fM, dabei nur in das hintere Maschenglied einstechen

Runde 10–11: fM ohne Zunahmen

Innenseite

6 Lfm anschlagen und mit 1 Km zum Ring schließen

Runde 1: 12 fM in den Ring häkeln

Runde 2: Jede zweite M verdoppeln

Runde 3–7: fM mit Zunahmen (= 24/30/36/48 M)

Runde 8–10: fM ohne Zunahmen

ERDBEERE

2 Lfm in Rot anschlagen

Runde 1: In die zweite M von der Nadel aus einstechen, 6 fM und mit 1 Km zur Runde schließen

Runde 2: Jede zweite M verdoppeln

Runde 3–4: fM; eine Zunahme in jede der darunterliegenden 2 fM

Runde 5: fM ohne Zunahmen

Runde 6–10: Immer 2 M zus abmaschen, bis 3 M übrig bleiben

Für eine Schokoladenerdbeere die ersten 7 Runden in Braun mit Zunahmen häkeln, dann 2 Runden in Rot ohne Zunahmen. In der 10. Runde jede 2. und 3. M zusammen abmaschen, bis noch 4 M übrig sind.

ERDBEERBLATT

6 Lfm in Grün anschlagen und mit 1 Km zum Ring schließen

Runde 1: * 1 fM, 4 Lfm, 1 fM in die 1. fM in den Ring häkeln. Ab * 4x wdh

BAND

Mit cremeweißem Garn 60 cm Band mit einer festen Masche (siehe S. 8) arbeiten.

FERTIGSTELLUNG

Ausarbeitung siehe Kiwi-Cupcake, S. 39.

Nach Belieben können auf die Erdbeere mit doppeltem Faden noch schwarze oder gelbe Samenkörnchen aufgestickt werden. Die Erdbeere mit Füllwatte ausstopfen und das Blatt mit kleinen Stichen festnähen.

Das weiße Band spiralförmig auf den rosafarbenen Deckel aufnähen.

Die Erdbeere auf den Deckel nähen.

Kiwi-Cupcakes ... voller Überraschungen

Eine originelle Geschenkidee, nicht nur für die beste Freundin.

MATERIAL

Je 50 g Häkelgarn in Braun, Hellgrün, Smaragdgrün, Cremeweiß, Beige, Häkelnadel Nr. 2, schwarzes Nähgarn, Nähnadel, gewölbte Einlegescheibe mit 7 cm Durchmesser, Karton, Schaumstoff (etwa 1 cm dick) oder Füllwatte, Plastiktasse, Styroporhalbkugel mit 5 cm Durchmesser, grünes oder weißes Japanpapier, Füllwatte, Klebstoff, Pinsel, Perlmuttknopf

Kiwi-Cupcakes … voller Überraschungen

Becher und Deckel des Kiwi-Cupcake werden gearbeitet wie beim Erdbeer-Cupcake (siehe S. 34), jedoch erhält der Kiwi-Cupcake einen zusätzlichen Deckelaufsatz.

DECKELAUFSATZ

6 Lfm in Hellgrün anschlagen und mit 1 Km zum Ring schließen

Runde 1: 12 fM in den Ring häkeln

Runde 2: Jede zweite M verdoppeln

Runde 3–6: fM mit Zunahmen (= 24/30/36/42 M)

Runde 7: fM ohne Zunahmen

Runde 8: fM, dabei nur in das hintere Maschenglied einstechen

Runde 9–11: fM

SAHNE

Runde 1: Mit weißem Garn in die 8. Runde des Deckelaufsatzes mit 3 Lfm (gilt als 1 St) anmaschen, 1 St, * 2 Lfm, 3 M überspringen, 2 St. Ab * bis zum Ende der Runde wdh, 1 Km in die 3. Lfm vom Rundenanfang

Runde 2: 3 Km bis zur Grundmasche der 3. Lfm der Vorreihe, 4 St, 1 Lfm, 5 St in die 2 St der Vorrunde, Arbeit nach außen wenden. *1 Km in die 2. Lfm der Vorrunde, 5 St, 1 Lfm, 5 St. Ab * bis zum Ende der Runde wdh. Mit 1 Km in die 3. Lfm der ersten Rüsche abschließen

KIWISCHEIBE

7 Lfm in Beige anschlagen, mit 1 Km zum Ring schließen

Runde 1: 3fM in die 2. Lfm von der Nadel aus, je 1 fM in die folgenden 4 Lfm, 3 fM in die letzte Lfm; in die Unterseite der Lfm-Kette fM M häkeln und mit 1 Km in die 1. Lfm schließen

Runde 2: Mit grünem Garn die ersten 3 M der Vorrunde verdoppeln, 4 fM, 3 M verdoppeln, 4 fM, mit 1 Km schließen

Runde 3–5: fM, dabei wie oben beschrieben die M verdoppeln

Runde 6: Km in Beige

Mit schwarzem Garn kleine Kerne aufsticken.

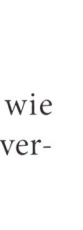

FERTIGSTELLUNG

Den Henkel der Plastiktasse entfernen. Die Styroporhalbkugel aushöhlen.

Die Tasseninnenseite in zwei Schichten mit kleinen Japanpapierstücken bekleben (die Schichten jeweils gut antrocknen lassen). Die Außenseite der Tasse mit Klebstoff bestreichen, in den Häkelbecher setzen und fest andrücken.

Die beiden gehäkelten Deckelteile rechts auf rechts mit der Einlegescheibe dazwischen an den Kanten zusammennähen. Den Deckelaufsatz an die 7. Runde des Deckels annähen und dabei die Styroporhalbkugel einfassen.

Die Kiwischeibe falten, an den Kanten zusammennähen, dabei mit etwas Füllwatte ausstopfen und auf dem Deckel befestigen.

Den Deckel mit 2 bis 3 Stichen am Becher annähen.

Verschluss: Einen Knopf an der gegenüberliegenden Seite festnähen; 2 Lfm der „Sahne" dienen als Schlaufe.

Fantastische Muffins mit Obst

Sie haben die Qual der Wahl: Dekorieren Sie Ihre Muffins mit Orangen, Zitronen, Kiwis oder Erdbeeren - oder allem gleichzeitig!

MATERIAL

Je 50 g Baumwoll-Häkelgarn in Braun, Gelb, Weiß, Orange, Rot, Grün,
Häkelnadel Nr. 2, Nähgarn, Nähnadel,
Spanschachtel mit 7 cm Durchmesser, Klebstoff, Pinsel

Fantastische Muffins mit Obst

MUFFIN

6 Lfm in Braun anschlagen und mit 1 Km zum Ring schließen

Runde 1: 12 fM in den Ring häkeln

Runde 2: Jede zweite M verdoppeln

Runde 3–9: fM mit Zunahmen

Runde 10–17: fM ohne Zunahmen

Runde 18: Krm

DECKEL

6 Lfm in Gelb anschlagen und mit 1 Km zum Ring schließen

Runde 1: 12 fM in den Ring häkeln

Runde 2: Jede zweite M verdoppeln

Runde 3–8: fM mit Zunahmen

Runde 9–10: fM, in jeder Runde 3–4 Maschen abnehmen

Runde 11: fM, dabei nur in das hintere Maschenglied einstechen

Runde 12–15: fM

Runde 16: Krm

SAHNE
Anleitung siehe Kiwi-Cupcakes (S. 38)

ORANGENSCHEIBE
Anleitung siehe S. 80

KIWISCHEIBE
Anleitung siehe S. 38/39

ERDBEERE
Anleitung siehe S. 34/35

FERTIGSTELLUNG

Mit dünnem Garn Kernchen auf Erdbeeren und Kiwischeiben sticken. Mit Kettenstich und weißem Garn die Konturen der Orangen- und Zitronenspalten aufsticken.

Die Erdbeere mit Füllwatte ausstopfen. Die Obstscheiben falten und zusammennähen.

REZEPT

ORANGEN-MUFFINS MIT MANDELN

Den Backofen auf 180 °C vorheizen. Die Papierförmchen in das Muffinblech setzen.

Die Mandeln grob mahlen. Mehl, Orangeat, Zitronat, Backpulver, Natron und gemahlene Mandeln mischen. Das Ei verquirlen, Zucker, Öl, saure Sahne und Orangensaft dazugeben und verrühren. Die Mehlmischung unterrühren.

Den Teig gleichmäßig auf die Papierförmchen verteilen und auf der mittleren Einschubleiste 20–25 Minuten backen. Das Blech herausnehmen und die Muffins darin 5 Minuten ruhen lassen. Die Muffins herausnehmen und vollständig abkühlen lassen.

Die Orange schälen und das Fruchtfleisch filetieren. Die Muffins mit Kakao bestäuben und mit Marmelade, Orangenspalten und Mandeln garniert servieren.

Zutaten
80 g Mandeln, 250 g Mehl, 50 g Orangeat, 50 g Zitronat, 2 1/2 Tl Backpulver, 1/2 Tl Natron, 1 Ei, 125 g Zucker, 80 ml Pflanzenöl, 150 g saure Sahne, 150 ml Orangensaft, 1 Orange, Kakaopulver zum Bestäuben, 50 g Orangenmarmelade, 12 Mandeln zum Garnieren

Außerdem
Papierförmchen für das Blech

Zubereitungszeit
ca. 30 Minuten (plus Zeit zum Backen und Abkühlen)

Hundeplätzchen

Diese Hündchen sind einfach zum Verlieben.
Legen Sie sie als Dekoration auf die Kaffeetafel,
dann ist gute Laune vorprogrammiert.

MATERIAL

Je 50 g Baumwoll-Häkelgarn in Dunkel-, Mittel- und Hellbraun,
Cremeweiß, Weiß, Rosa,
Häkelnadel Nr. 2, Stick- und Nähnadel,
Rote und schwarze Garnreste,
Bastelfilz

Hundeplätzchen

PLÄTZCHEN

6 Lfm in Mittelbraun anschlagen und mit 1 Km zum Ring schließen

Runde 1: 12 fM in den Ring häkeln

Runde 2: Jede zweite M verdoppeln

Runde 3–14: fM mit Zunahmen. Faden abschneiden, durchziehen und vernähen

Zweimal pro Plätzchen arbeiten

ZUCKERGUSS

6 Lfm in Cremeweiß anschlagen und mit 1 Km zum Ring schließen

Runde 1: 12 fM in den Ring häkeln

Runde 2: Jede zweite M verdoppeln

Runde 3–9: fM mit Zunahmen

Runde 10: * 5 St in eine M der Vorrunde, 1 M überspringen, 1 fM, eine M überspringen. Ab * wdh bis Rd-Ende

DUNKELBRAUNES HÜNDCHEN

Gesicht

8 Lfm in Dunkelbraun anschlagen

Reihe 1: In die 2. Lfm von der Nadel aus einstechen und 6 fM häkeln, 4 fM in die letzte Lfm, 6 fM in die Unterseite der Lfm-Kette

Reihe 2: Arbeit wenden, 6 fM, je 2 fM in die folgenden 4 M, 6 fM

Reihe 3: Arbeit wenden, 7 fM, je 2 fM in die folgenden 6 M, 7 fM

Reihe 4: Arbeit wenden, 8 fM, * 1 M verdoppeln, 2 fM. Ab * 3x wdh, 8 fM

Ohren

20 Lfm anschlagen

Runde 1: 4 fM in die 2. Masche, * je 1 fM in die folgenden 6 Lfm, je 1 Km in die folgenden 5 Lfm, dann mit 6 fM in die verbleibenden Lfm zurück zum Anfang, 4 fM in die vorletzte Lfm, mit 1 Km schließen

Runde 2: Je 2 fM in jede der 4 fM der Vorrunde, 6 fM, 5 Km, 6 fM, 2 fM in jede der 4 fM der Vorrunde, mit 1 Km schließen

Schnauze

2 Lfm in Rosa anschlagen, 8 fM in die 2. M von der Nadel aus häkeln. Mit 1 Km schließen

Augen

2 Lfm in Weiß anschlagen, 10 fM in die 2. M von der Nadel aus häkeln. Mit 1 Km schließen

HELLES HÜNDCHEN

Gesicht

Mit hellbraunem Garn gemäß Anleitung für dunkelbraunes Hündchen

Ohren

13 Lfm in Hellbraun anschlagen

Runde 1: In die 2. M von der Nadel aus einstechen, 3 fM, 3 hSt, 3 St, 1 St, in die nächste M 2 DSt, in die letzte M 4 DSt. Auf der Unterseite der Lfm-Kette in diese M 2 DSt, 1 DSt, 3 DSt, 3 hSt, 3 fM, 3 fM in die 1. M. Mit 1 Km schließen

Schnauze

2 Lfm in Hellbraun anschlagen, 8 fM in die 2. M von der Nadel aus. Mit 1 Km schließen. Zweimal arbeiten

Augen

2 Lfm in Weiß anschlagen, 10 fM in die 2. M von der Nadel aus. Mit 1 Km schließen. Zweimal arbeiten

FERTIGSTELLUNG

Eine Pappscheibe mit 10 cm Durchmesser zwischen die beiden mittelbraunen Kreise für die Plätzchen legen und diese zusammennähen oder -häkeln. Hundegesicht, -ohren und -schnauze auf den „Zuckerguss" nähen. Mit schwarzem Garn die Pupillen mit einem Knötchenstich aufsticken. Mit rotem Garn eine Zunge aufsticken. Den „Zuckerguss" auf den Plätzchen befestigen.

Cannoli – wie aus Sizilien

Man denkt sofort an ein großes Fest mit Familie und Freunden, wenn Cannoli so schön angerichtet sind.

MATERIAL

Je 50 g Baumwoll-Häkelgarn in Braun, Weiß und Rot, Häkelnadel Nr. 2, Füllwatte

Cannoli – wie aus Sizilien

CANNOLO

6 Lfm in Braun anschlagen und mit 1 Km zum Ring schließen

Runde 1: 12 fM in den Ring häkeln

Runde 2: Jede zweite M verdoppeln

Runde 3–15: fM mit Zunahmen (6 pro Runde)

Runde 16: Krm

KIRSCHE

4 Lfm anschlagen und mit 1 Km zum Ring schließen

Runde 1: 8 fM in den Ring, mit 1 Km schließen

Runde 2–3: fM mit Zunahmen (4 pro Runde)

Runde 4: fM ohne Zunahmen

Runde 5–8: 4 M pro Runde abnehmen

FÜLLUNG

33 Lfm in Weiß anschlagen

Reihe 1: In die 4. Lfm von der Nadel aus einstechen und St häkeln

Reihe 2–12: St häkeln

Reihe 13: 7 St in jede M der Vorreihe. Den Faden abschneiden und vernähen. An der Unterkante ebenfalls 7 St in jede M häkeln

FERTIGSTELLUNG

Die Füllung locker aufrollen oder fälteln. In die braune Platte einschlagen und diese mit wenigen kleinen Stichen zusammennähen. Die Kirsche ausstopfen und auf die Nahtstelle des Cannolo nähen.

REZEPT

SIZILIANISCHE CANNOLI

Mehl, Butter, Zucker und Kakaopulver in einer Schüssel zu einem bröseligen Teig verrühren. Nur so viel Wein zugießen, dass der Teig bindet. Weiterkneten, bis noch kleine Butterflöckchen zu sehen sind. In Klarsichtfolie gewickelt mindestens 30 Minuten kühl stellen. Teig auf einer leicht bemehlten Arbeitsfläche noch einmal kneten und 3 mm dick ausrollen. 8 Quadrate ausschneiden. In die Mitte jedes Quadrats eine vorgefertigte Cannoliform aus Metall legen. Dann die Teigränder über die Form schlagen. Die Enden so übereinanderlegen, dass eine Teigröhre entsteht. Die Nähte mit Ei bestreichen.

Öl etwa 10 cm hoch in einem großen Topf auf 180 °C erhitzen. Die Cannoli mit den Metallröhren portionsweise frittieren, bis sie rundum goldbraun sind. Auf Küchenpapier abtropfen lassen und die Metallformen entfernen. Abkühlen lassen.

Für die Füllung den Ricotta abtropfen lassen. Schokoladenstreusel, Orangeat und Zitronat unterrühren. Die Masse in die abgekühlten Teigröllchen füllen und sofort servieren.

Für den Teig
200 g Mehl, 1 El Butter, 1/2 Tl Zucker, 1 Tl Kakaopulver, 1–2 El trockener Weißwein, 1 Ei, Pflanzenöl zum Frittieren

Für die Füllung
400 g Ricotta, 2 El Schokoladenstreusel, je 2 El Orangeat und Zitronat, Mehl für die Arbeitsfläche

Zubereitungszeit
ca. 40 Minuten (plus Zeit zum Frittieren und Abkühlen)

Tipp
Die ausgebackenen Teigröhren können auch einen Tag zuvor zubereitet oder eingefroren werden. Füllen sollte man sie erst kurz vor dem Verzehr, um ein Durchweichen zu verhindern.

Kleiner Zuckerhut

Zuccottini sind raffinierte und bunt verzierte kleine Kuchen, die überall fröhliche Farbakzente setzen und jede noch so bescheidene Tafel wunderbar und liebevoll bereichern.

MATERIAL

Je 50 g Baumwoll-Häkelgarn in verschiedenen Farben,
Häkelnadel Nr. 2, weißes und braunes Nähgarn,
Nähnadeln mit großem und kleinem Öhr,
Plastikbecher mit 10 cm Durchmesser, Karton, Füllwatte, Klebstoff, Pinsel

Kleiner Zuckerhut

BODEN

6 Lfm in Rosa anschlagen und mit 1 Km zum Ring schließen

Runde 1: 12 fM in den Ring häkeln

Runde 2: Jede zweite M verdoppeln

Runde 3–10: fM mit Zunahmen (6 pro Runde)

KUPPEL

6 Lfm in Braun anschlagen und mit 1 Km zum Ring schließen

Runde 1: 12 fM in den Ring häkeln

Runde 2: Jede zweite M verdoppeln

Runde 3–8: fM mit Zunahmen

Runde 9–12: fM ohne Zunahmen

Runde 13–24: In jeder Runde gleichmäßig verteilt 2 M verdoppeln

BAND

Zwei Bänder mit einer festen Masche (siehe S. 8) aus weißem und braunem Garn mit je 35 cm Länge häkeln

BUNTE TUPFEN

2 Lfm anschlagen, 12 fM in die 2. M von der Nadel aus, dabei den Anfangsfaden anziehen. Mit 1 Km schließen

Beliebig viele Tupfen in unterschiedlichen Farben arbeiten

PRALINÉ

Runde 1: 2 Lfm anschlagen, 12 fM in die 2. M häkeln, dabei den Anfangsfaden anziehen. Mit 1 Km zur Runde schließen

Runde 2: Jede zweite M verdoppeln (18 M)

Runde 3: fM, mit Zunahmen (24 M)

Runde 4: fM, ohne Zunahmen

Runde 5–7: In jeder Runde 6 M abnehmen. Faden lang abschneiden und durchziehen

FERTIGSTELLUNG

Oberkante der Tasse auf Karton übertragen, die Scheibe ausschneiden und auf die Tasse kleben.

Die Tasse dünn mit Füllwatte einhüllen und in die gehäkelte Kuppel stecken. Kuppel und gehäkelten Boden an den Rändern zusammenhäkeln.

Das weiße Band in fünf Wellen mit Stecknadeln auf der Kuppel fixieren und dann mit unsichtbaren Stichen festnähen. Das braune Band weiter unten in flacheren Wellen fixieren und ebenfalls aufnähen.

Die bunten Tupfer zwischen den Wellen annähen.

Das Praliné mit Füllwatte ausstopfen, die Öffnung mit dem Fadenende zuziehen und oben auf der Kuppel festnähen.

Schokoldentörtchen

Helle oder dunkle Schokolade – das ist hier die Frage!

MATERIAL

Rundes Törtchen: Je 50 g Baumwoll-Häkelgarn in Braun, Weiß, Rot, Häkelnadel Nr. 2, weißes und braunes Nähgarn, Nähnadeln mit großem und kleinem Öhr, Pappscheibe mit 7 cm Durchmesser, Füllwatte, Klebstoff, Pinsel

Herztörtchen: Je 50 g Baumwoll-Häkelgarn in Braun, Weiß, Rot, Häkelnadel Nr. 2, Schachtel in Herzform, Nähnadel, Karton, Klebstoff, Pinsel

Schokoldentörtchen

RUNDES TÖRTCHEN

Grundform

6 Lfm in Braun anschlagen und mit 1 Km zum Ring schließen

Runde 1: 12 fM in den Ring häkeln

Runde 2: Jede zweite M verdoppeln

Runde 3–7: fM mit Zunahmen (6 pro Runde)

Runde 8: Gleichmäßig verteilt 3 M abnehmen

Runde 9–16: fM ohne Zunahmen

Deckel

6 Lfm in Braun anschlagen und mit 1 Km zum Ring schließen

Runde 1: 12 fM in den Ring häkeln

Runde 2: Jede zweite M verdoppeln

Runde 3–8: fM mit Zunahmen

Runde 9: fM, dabei nur in das hintere Maschenglied einstechen und gleichmäßig verteilt 3 M abnehmen

Runde 10–15: fM

Sahneschichten- und tupfen

Anleitung siehe S. 85

2 Runden häkeln, dabei eine Runde an den M der 9. Runde und eine an der letzten (15.) Runde anmaschen.

Praliné

Anleitung siehe S. 54

FERTIGSTELLUNG

Den Pappkreis in die Grundform legen. Mit Füllwatte ausstopfen. Den Deckel aufnähen.

Eine Bordüre wird an den Tortenboden und eine an die Oberseite genäht

Sahnetupfer und „Kirsche" werden oben in die Mitte genäht.

TÖRTCHEN IN HERZFORM

Herz

11 Lfm in Rot anschlagen

Runde 1: In die 4. M von der Nadel aus einstechen, 3 St, in die folgende M 2 St, 1 Lfm, 2 St, 3 St, 4 St in die letzte Lfm. Auf der Unterseite der Lfm-Kette 1 St in die 2. Lfm, 1 hSt, 1 fM, 1 Km, 1 fM, 1 hSt, 3 St in die letzte Lfm, mit 1 Km in die 3. Anfangs-Lfm schließen

Runde 2: 3 Lfm, 5 St, in den Lfm-Bogen 2 St, 1 Lfm, 2 St, St in die folgenden 4 M, die nächsten 4 St verdoppeln, 2 hSt, 4 fM, 2 hSt, die letzte M 3 St häkeln, mit 1 Km in die 3. Anfangs-Lfm schließen

Runde 3: 3 Lfm, 6 St in die M der Vorrunde, in den Lfm-Bogen der Vorrunde 2 St, 1 Lfm, 2 St, 14 St in die Maschen der Vorrunde, 4x [2 St in eine Masche], 3x 1 hSt, 3x 1 fM, 3x 1 Km

Es wird symmetrisch weitergearbeitet; 1 St, abschließend 1 Km in die 3. Lfm

Runde 4: 3 Lfm, 8 St in die darunterliegenden Maschen, 2 St, 1 Lfm, 2 St in die mittlere Lfm, 12 St in die darunterliegenden Maschen, 4x [2 St in das St der Vorrunde], 1 St, 2x 1 hSt, 3x 1 fM, 1 Km in die Mitte

Es wird symmetrisch weitergearbeitet; 1 St, abschließend 1 Km in die 3. Lfm

Runde 5: 3 Lfm, 8 St in die M der Vorrunde, 2 St, 1 Lfm, 2 St in die mittlere Masche, 14 St in die Maschen der Vorrunde, 4x [2 St in 1 M der Vorrunde], 3x 1 hSt, 3x 1 fM, 3x 1 Kettenmasche

Es wird symmetrisch weitergearbeitet; 4 St, abschließend 1 Km in die 3. Lfm

Buttercreme

Anfang: 7 Lfm; man häkelt Reihen mit jeweils 6 fM, bis der Streifen 62 cm lang ist. Diese Bordüre wird gefältelt aufgenäht.

Schokoldentörtchen

Oberseite
Die Oberseite wird wie die Grundfläche gearbeitet, aber es wird jeweils nur in das hintere Maschenglied der Vorreihe gestochen.

Sahne
In das hintere Maschenglied der 1. und 3. Runde jeweils 7 St. häkeln.

Dunkles Schokoladenherz
Dazu zweimal mit braunem Garn die ersten beiden Runden des Tortenbodens (S. 59) häkeln.

FERTIGSTELLUNG
Die Herzschachtel mit Kleber bestreichen und die Häkelformen aufziehen.

Die beiden Schokoherzen zusammenheften und oben befestigen.

Bordüre
Anfang: 5 Lfm; Reihen mit jeweils 4 fM häkeln, bis der Streifen 62 cm lang ist. Diese Bordüre wird an die Oberseite genäht.

Die Tortenseite wird mit dem braunen Rüschenband vervollständigt.

REZEPT

SCHOKOTÖRTCHEN

Den Backofen auf 180 °C vorheizen. Die Springform einfetten und mit Mehl ausstäuben. Für den Biskuitteig die Zartbitterschokolade hacken und mit der Butter im Wasserbad schmelzen. Eigelb und Zucker mit dem Handmixer im Wasserbad hellgelb aufschlagen. Eiweiß mit Salz steif schlagen. Mehl über die Eigelbcreme sieben, die gerade noch flüssige Schokoladen-Butter-Mischung dazugeben und den Eischnee daraufhäufen. Nun alles mit einem Kochlöffel zügig unterheben. Den Teig in die Springform füllen und auf der mittleren Schiene ca. 30 Minuten backen. Den Biskuit aus dem Ofen nehmen, 10 Minuten in der Form ruhen lassen. Vorsichtig aus der Form lösen und vollständig auskühlen lassen.

Für das Topping die Sahne in einem Topf erhitzen, aber nicht kochen. Dabei immer wieder mit einem Kochlöffel umrühren. Die Schokolade in die heiße Sahne geben. Den Topf vom Herd nehmen und rühren, bis die Schokolade geschmolzen ist. Vollständig abkühlen lassen, dann 2 Stunden kühl stellen.

Aus dem Biskuitboden 7 runde Böden (6 cm Ø) ausstechen. Die Schokosahne schaumig aufschlagen und auf die Böden verteilen, je 1 Amarenakirsche aufsetzen. Die Törtchen großzügig mit Kakaopulver bestäuben.

Für den Teig
70 g Zartbitterschokolade, 45 g Butter, 4 Eier (getrennt), 80 g Zucker, 1 Prise Salz, 75 g Mehl (Type 405)

Für das Topping
400 g Sahne, 320 g Zartbitterschokolade (gehackt), Amarenakirschen

Außerdem
weiche Butter und Mehl für die Form, Kakaopulver zum Bestäuben

Zubereitungszeit
ca. 40 Minuten (plus Zeit zum Backen und Abkühlen)

Weihnachtstörtchen

Für alle, die sich einmal eine etwas andere Weihnachtsdekoration wünschen.

MATERIAL

Je 50 g Baumwoll-Häkelgarn in Hell- und Dunkelbraun, Cremeweiß (für Nadelstärke 2),
je 50 g Baumwoll-Häkelgarn in Grün und Hellrot (für Nadelstärke 1,5),
Häkelnadeln Nr. 2 und 1,5, Näh- und Sticknadel,
Pappschachtel mit 7 cm Durchmesser ohne Deckel, Füllwatte,
Klebstoff, Pinsel

Weihnachtstörtchen

GRUNDFORM

6 Lfm in Hellbraun mit Häkelnadel Nr. 2 anschlagen und mit 1 Km zum Ring schließen

Runde 1: 12 fM in den Ring häkeln

Runde 2: Jede zweite M verdoppeln

Runde 3–8: fM mit Zunahmen (6 pro Runde)

Runde 9: fM, dabei gleichmäßig verteilt 6 M abnehmen

Runde 10–22: TfM

DECKEL

6 Lfm in Hellbraun mit Häkelnadel Nr. 2 anschlagen und mit 1 Km zum Ring schließen

Runde 1: 12 fM in den Ring häkeln

Runde 2: Jede zweite M verdoppeln

Runde 3–7: fM mit Zunahmen

Runde 8–12: fM ohne Zunahmen

ZUCKERGUSS

6 Lfm in Cremeweiß mit Häkelnadel 2 anschlagen und mit 1 Km zum Ring schließen

Runde 1: 12 fM in den Ring häkeln

Runde 2: Jede zweite M verdoppeln

Runde 3–6: fM mit Zunahmen

Runde 7: Über den Zunahmen der Vorrunde je 1 St, 1 hSt und 1 fM häkeln

STECHPALMENBLATT

20 Lfm in Grün mit Häkelnadel Nr. 1,5 anschlagen

Runde 1: In die 2. M von der Nadel aus einstechen, 9 Lfm (für das Stielchen), * 1 Km 1 fM, 1 hSt, 1 Picot (4 Lfm, 1 fM in die 1. Lfm), 1 hSt, 2 St, 1 hSt, 1 Picot, 1 hSt, 1 fM, 1 Km, 1 Picot. Ab * auf der Unterseite der Lfm-Kette wdh

BEEREN

2 Lfm in Rot anschlagen und in die 2. M von der Nadel aus 5 fM häkeln. Mit 1 Km zum Kreis schließen

Zweimal arbeiten.

FERTIGSTELLUNG

Die Schachtel außen mit Klebstoff bestreichen und in die Grundform setzen. Die Schachtel komplett mit Watte füllen und den gehäkelten Deckel entlang der letzten Maschenreihe mit der Grundform verbinden. Zur Dekoration werden Zuckerguss und Blatt auf dem Deckel aufgenäht.

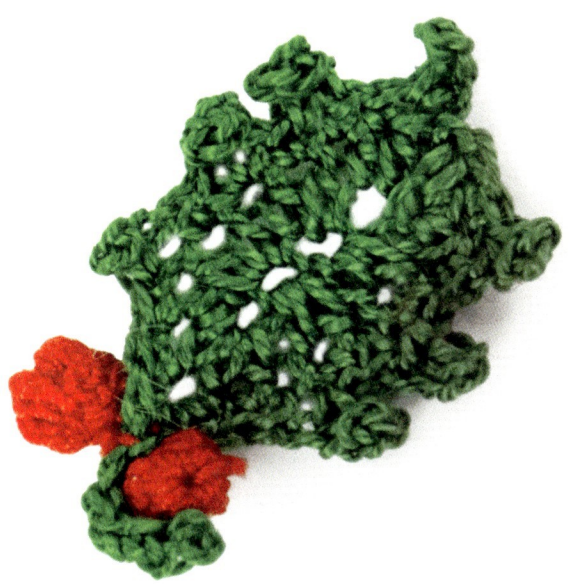

Obsttörtchen

Himbeeren, Brombeeren, Johannisbeeren …
Mit diesen Obsttörtchen behalten Sie einen warmen
Sommertag das ganze Jahr über in Erinnerung.

MATERIAL

Törtchen mit Waldbeeren: Je 50 g Baumwoll-Häkelgarn in Hellbraun, Gelb, Rot, Violett, Himbeerrot, Häkelnadel Nr. 2, Näh- und Sticknadel, Scheibe aus festem Filz mit 6 cm Durchmesser

Törtchen mit Johannisbeeren: Je 50 g Baumwoll-Häkelgarn in Hellbraun, Dunkelrot, Weiß, Häkelnadel Nr. 2, Nähnadel, Scheibe aus festem Filz mit 6 cm Durchmesser

Der Boden wird bei beiden Törtchen wie bei der Obsttorte (S. 80) gehäkelt, die Anzahl der Runden richtet sich nach der jeweils gewählten Größe.

Obsttörtchen

TÖRTCHEN MIT WALDBEEREN

Creme
Aus gelbem Garn so viele Runden häkeln wie für den Boden erforderlich.

Himbeeren
Anleitung wie Erdbeere (siehe S. 81)

Aus himbeerfarbenem Garn 15 Beeren häkeln.

Walderdbeeren
2 Lfm in Rot anschlagen

Runde 1: In die 2. Lfm ab Nadel 4 fM häkeln und mit 1 Km zum Ring schließen

Runde 2: Jede zweite M verdoppeln

Runde 3: Jede dritte M verdoppeln

Runde 4–5: fM ohne Zunahmen

Runde 6: Immer die 2. und 3. M zusammen abmaschen, bis noch 3 Maschen übrig sind

Insgesamt 16 Walderdbeeren häkeln.

Brombeeren
2 Lfm in Violett anschlagen

Runde 1: In die 2. M von der Nadel aus 6 fM häkeln und mit 1 Km zum Ring schließen

Runde 2: Jede zweite M verdoppeln

Runde 3: Jede dritte M verdoppeln

Runde 4: fM ohne Zunahmen

Runde 5–8: Immer die 2. und 3. M zus abmaschen, bis noch 3 Maschen übrig sind

Insgesamt 7 Brombeeren häkeln.

TÖRTCHEN MIT JOHANNISBEEREN

2 Lfm in Rot anschlagen

Runde 1: In die 2. M von der Nadel aus 12 hSt und mit 1 Km zum Ring schließen

Runde 2: Der Faden wird so fest gezogen, dass sich kleine Kugeln bilden.

Mit doppeltem weißem Garn einen Knötchenstich sticken, zur gegenüberliegenden Seite durchstechen und dort den Faden vernähen.

Insgesamt 21 Johannisbeeren häkeln.

FERTIGSTELLUNG

Boden, Filzscheibe und „Cremeschicht" aufeinanderlegen. Den äußeren Rand von Boden und Cremeschicht zusammennähen oder -häkeln.

Die Beeren werden mit Watte gefüllt und dicht an dicht angeordnet.

Entsprechend wird das Johannisbeerentörtchen zusammengestellt. Die Beeren werden auf die Creme genäht.

Ostereier

Die farbenfrohen Blüten und Libellen sind ideal für ein Frühlingsfest voller Fröhlichkeit.

MATERIAL

Je 50 g Baumwoll-Häkelgarn für Nadelstärke 2
in Dunkelbraun, Grün, Gelb, Orange,
je 50 g Baumwoll-Häkelgarn für Nadelstärke 1,5
in Beige, Hell- und Dunkelrosa,
Häkelnadel Nr. 2 und 1,5, Nähnadel,
Styropor- oder Kunststoffeier mit 7,5 cm Durchmesser

Ostereier

UNTERTEIL

Das Ei wird in zwei Teilen gearbeitet, die zusammengenäht werden.

5 Lfm mit Häkelnadel Nr. 2 in Dunkelbraun anschlagen und mit 1 Km zum Ring schließen

Runde 1: 10 fM in den Ring häkeln und mit 1 Km schließen

Runde 2: Jede zweite M verdoppeln

Runde 3–13: fM mit Zunahmen (5 pro Runde)

Runde 14–20: fM ohne Zunahmen

OBERTEIL

Wie das Unterteil, aber zunächst 12 Runden mit und dann 12 Runden ohne Zunahmen.

BAND

Aus grünem Garn ein 26 cm langes Band mit einer festen Masche (siehe S. 8) häkeln.

BLÄTTER

18 Lfm in Grün anschlagen

In die 2. M von der Nadel aus einstechen, 2 Km, 2 fM, 2 hSt, 2 St, 1 DSt, 2 St, 2 hSt, 2 St, 2 hSt

Die M in rückläufiger Reihenfolge auf der Unterseite der Lfm-Kette häkeln

Insgesamt zwei Blätter häkeln.

BLÜTEN

6 Lfm in Gelb anschlagen und mit 1 Km zum Ring schließen

Runde 1: 12 fM in den Ring häkeln und mit 1 Km schließen

Runde 2: In Orange * 1 fM, 4 Lfm, 2 DSt zus abmaschen, 4 Lfm. Ab * wdh

Insgesamt vier Blüten häkeln.

LIBELLE

Körper

16 Lfm mit Häkelnadel 1,5 in Beige anschlagen und 2 Reihen fM häkeln. Die Maschen und die Anfangs-Lfm mit Km zu einer Röhre zusammenhäkeln

Fühler

1 Picot (4 Lfm, 1 fM in die 1. Lfm), 1 fM, 1 Picot, 1 Km, Faden abschneiden, durchziehen und vernähen

Flügel

Reihe 1: Mit Hellrosa und Häkelnadel 1,5 1 cm unterhalb der Fühler anmaschen und 16 Lfm anschlagen

Reihe 2: In die 5. M von der Nadel aus einstechen, 3 DSt, 3 St, 3 hSt, 3 fM

1 Km in den Libellenkörper, 3 fM, 3 hSt, 3 St, 3 DSt; 4 Lfm und 1 Km in die 1. Lfm

Die beiden anderen Flügelhälften nach Belieben in dunklerem Rosa etwa tiefer anmaschen.

FERTIGSTELLUNG

Die beiden Eierhälften über die Eiform stülpen und zusammennähen. Das Ei mit Band, Blättern, Blüten und Libelle dekorieren.

EIERBECHER

Aus einer Papp- oder Plastikröhre mit einem Durchmesser von 3 cm und einer Höhe von 4 cm lässt sich ein Eierbecher gestalten.

24 Lfm anschlagen und mit 1 Km zum Ring schließen. 22 Runden TfM häkeln. Den Schlauch über die Röhre stülpen. Die offenen Enden zusammennähen und etwas nach innen drücken.

Eine Cassata zum Verlieben

In den leuchtenden Farben dieser Torte steckt die ganze Sonne des Südens.

MATERIAL

Je 50 g Baumwoll-Häkelgarn in Cremeweiß, Smaragdgrün, Hellgrün, Türkis, Hellbraun, Orange, Gelb, Beige, Rot,
Häkelnadel Nr. 2, Näh- und Sticknadel,
Aluminiumform für eine Cassata mit 18–25 cm Durchmesser (oder ein entsprechendes Stück Styropor oder Schaumstoff),
Filzkreis mit etwa 25 cm Durchmesser,
Füllwatte, Klebstoff, Pinsel

Eine Cassata zum Verlieben

TORTE

6 Lfm in Cremeweiß anschlagen und mit 1 Km zum Ring schließen

Runde 1: 12 fM in den Ring häkeln

Runde 2: Jede zweite M verdoppeln

Runde 3–25: fM mit Zunahmen

Runde 26–47: In Smaragdgrün; dabei werden in jeder 5. Runde gleichmäßig verteilt 2 M verdoppelt

BODEN

6 Lfm in Braun anschlagen und mit 1 Km zum Ring schließen

Runde 1: 12 fM in den Ring häkeln

Runde 2: Jede zweite M verdoppeln

Runde 3–34: fM mit Zunahmen

MANDARINE

6 Lfm in Orange anschlagen und mit 1 Km zum Ring schließen

Runde 1: 12 fM in den Ring häkeln

Runde 2–6: Jede zweite M verdoppeln

Runde 7–8: fM ohne Zunahmen

Runde 9–14: In jeder Runde 6 M abnehmen

BLATT

17 Lfm in Smaragdgrün anschlagen und mit 1 Km zum Ring schließen

In die 2. Lfm von der Nadel aus einstechen, für den Stiel 6 fM in die folgenden Maschen

Für das Blatt: 1 fM, 1 hSt, 5 St, 1 hSt, 2 fM, in der umgekehrten Reihenfolge auf der Unterseite der Lfm-Kette wdh

STIELANSATZ

6 Lfm in Smaragdgrün anschlagen und mit 1 Km zum Ring schließen

Runde 1: 12 fM in den Ring häkeln

KIRSCHE (6 x)

4 Lfm in Rot anschlagen und mit 1 Km zum Ring schließen

Runde 1: 8 fM in den Ring häkeln

Runde 2–3: fM mit Zunahmen (4 pro Runde)

Runde 4: fM ohne Zunahmen

Runde 5–8: fM mit Abnahmen (4 pro Runde)

FRUCHTSTÜCKE

9 Lfm anschlagen und 20 Reihen TfM

Den Streifen längs falten und die offenen Kanten mit einer Reihe fM in Weiß zusammenhäkeln.

Insgesamt drei gelbe und drei hellgrüne Fruchtstücke arbeiten.

BÄNDER

Mit weißem Garn ein 130 cm langes Band mit einer festen Masche (siehe S. 8) arbeiten.

Mit braunem Garn zwei Bänder mit einer festen M (siehe S. 8) arbeiten, die so lang sind wie der obere bzw. der untere Umfang der Cassata.

FERTIGSTELLUNG

Den Filz an den Rand der Cassata-Form leimen, dann die Häkelform überstülpen und die braunen Bänder an die Kanten nähen.

Danach wird das weiße Band wellenförmig auf der Seite festgeheftet und das Obst auf der Oberseite fixiert.

Obsttorte

Wer sagt, Obsttorten seien nur etwas für den Sommer? An dieser Torte hat man das ganze Jahr über Spaß.

MATERIAL

Je 50 g Baumwoll-Häkelgarn in Hellbraun, Rot, Hellgrün, Gelb, Orange, Weiß, Beige,
Häkelnadel Nr. 2, schwarzes Nähgarn, Näh- und Sticknadel,
Deckel einer runden Spanschachtel mit 28 cm Durchmesser,
dicke Filzscheibe mit 28 cm Durchmesser, Klebstoff, Pinsel

Obsttorte

BODEN

6 Lfm in Hellbraun anschlagen und mit 1 Km zum Ring schließen

Runde 1: 12 fM in den Ring häkeln

Runde 2: Jede zweite M verdoppeln

Runde 3–35: fM mit Zunahmen

Runde 36: fM, dabei gleichmäßig verteilt 6 M abnehmen

Runde 37–45: TfM

Runde 46: * 4 St in eine M der Vorrunde, 2 M überspringen. Ab * wdh

CREME

35 Runden in Gelb wie Boden arbeiten.

OBST

Orangescheibe

6 Lfm in Weiß anschlagen und mit 1 Km zum Ring schließen

Runde 1: 12 fM in den Ring häkeln

Runde 2: In Orange jede zweite M verdoppeln

Runde 3–5: fM mit Zunahmen

Runde 6: In Weiß fM mit Zunahmen

Runde 7: In Orange fM mit Zunahmen

Insgesamt neun Orangenscheiben häkeln.

Kiwischeibe

Siehe auch Anleitung S. 38/39

7 Lfm in Beige anschlagen mit 1 Km zum Ring schließen

Runde 1: 3fM in die 2. Lfm von der Nadel aus, je 1 fM in die folgenden 4 Lfm, 3 fM in die letzte Lfm; in die Unterseite der Lfm-Kette fM M häkeln und mit 1 Km in die 1. Lfm schließen

Runde 2: Mit grünem Garn die ersten 3 M der Vorrunde verdoppeln, 4 fM, 3 M verdoppeln, 4 fM, mit 1 Km schließen

Runde 3–5: fM, dabei die M in der Rundung jeweils verdoppeln

Runde 6: Km in Beige

Insgesamt acht Kiwischeiben häkeln.

Erdbeere

2 Lfm in Rot anschlagen

Runde 1: 6 fM in die 2. M von der Nadel aus, mit 1 Km zur Runde schließen

Runde 2: Jede zweite M verdoppeln

Runde 3: fM mit Zunahmen

Runde 4: fM ohne Zunahmen

Runde 5–8: Jede 2. und 3. M zus abmaschen, bis noch 3 M übrig sind

Insgesamt 13 Erdbeeren häkeln.

FERTIGSTELLUNG

Die Spalten mit weißem Garn und Kettenstichen auf die Orangen sticken. Die Kiwikernchen mit schwarzem Garn sticken.

Den Boden der Schachtel mit Klebstoff bestreichen und in den Häkelboden setzen. Die Filzscheibe hineinlegen. Die „Cremeschicht" darauflegen. Den Rand des Bodens nach innen schlagen und mit der Cremeschicht zusammennähen oder -häkeln. Das Obst verteilen und festnähen.

Schwarzwälder Torte

Mit echten Zutaten erfordert die Herstellung ganz schön viel Arbeit. Gehäkelt ist sie unvergleichlich und haltbar!

MATERIAL

100 g Baumwoll-Häkelgarn in Braun, je 50 g in Rot, Grün, Weiß, Häkelnadel Nr. 2, schwarzes Nähgarn, Nähnadel, eine Schachtel mit 28 cm Durchmesser, Füllwatte, Klebstoff, Pinsel

Schwarzwälder Torte

TORTE

6 Lfm in Braun anschlagen und mit 1 Km zum Ring schließen

Runde 1: 12 fM in den Ring häkeln

Runde 2: Jede zweite M verdoppeln

Runde 3–35: fM mit Zunahmen

Runde 36: fM, dabei gleichmäßig verteilt 6 fM abnehmen

Runde 37–56: fM, dabei nur in das hintere Maschenglied einstechen

BODEN

35 Runden in Braun mit Zunahmen

ERDBEEREN

2 Lfm in Rot anschlagen

Runde 1: 6 fM in die 2. M von der Nadel aus, mit 1 Km schließen

Runde 2: Jede zweite M verdoppeln

Runde 3–4: fM mit Zunahmen

Runde 5: fM ohne Zunahmen

Runde 6–10: Jede 2. und 3. M zusammen abmaschen, bis noch 3 M übrig bleiben

ERDBEERBLATT

6 fM in Grün anschlagen und mit 1 Km zum Ring schließen

Runde 1: * 1 fM, 1 Picot (4 Lfm, 1 fM in die 1. fM) in den Ring häkeln. Ab * 5x wdh

SAHNERING

Mit weißem Garn in regelmäßigen Abständen drei Ringe häkeln, dabei immer nur in das äußere Maschenglied der Häkeltorte einstechen.

3 Lfm (als Ersatz für das erste St), 3 St rittlings darüber und zus abmaschen, 2 M der Häkeltorte überspringen, 1 St, über dieses rittlings 3 St, die zus abgemascht werden. Bis zum Ende der Runde wdh

SAHNETUPFEN

6 Lfm in Weiß anschlagen und mit 1 Km zum Ring schließen

Runde 1: 3 Lfm, 6 dreifache Popcorn-M häkeln: 3x [1 U, in die nächste Lfm einstechen, Faden holen, langziehen], alle M auf der Nadel zus abmaschen. Zum Schluss mit einer Km schließen

Insgesamt 19 Sahnetupfen häkeln.

FERTIGSTELLUNG

Mit schwarzem Garn und Knötchenstichen nach Belieben Kernchen auf die Erdbeeren sticken. Die Erdbeeren mit Füllwatte ausstopfen und die Blätter aufnähen.

Die Schachtel mit Klebstoff bestreichen und die Torte überstülpen. Das Ganze auf den gehäkelten Boden setzen. Die Ränder von Tortenboden und Torte zusammennähen oder -häkeln. Sahnetupfen und Erdbeeren auf der Torte festnähen.

REZEPT

SCHWARZWÄLDER KIRSCHTORTE

Für den Teig
50 g Butter, 7 Eier (getrennt), 150 g Puderzucker, 1 Prise Salz, 150 g Mehl (Type 405), 20 g Speisestärke, 3 El Kakaopulver

Für den Belag
750 g frische Sauerkirschen, geputzt (ersatzweise aus dem Glas), 2 El Zucker, 4 Blatt weiße Gelatine, 1 kg Sahne, 100 g Puderzucker

Den Backofen auf 180 °C vorheizen. Die Springform einfetten. Butter in einer Pfanne zerlassen. Eigelb mit Puderzucker im Wasserbad hellgelb und cremig aufschlagen. Die Schüssel aus dem Wasserbad nehmen. Das Eiweiß mit Salz steif schlagen und über die Eigelbcreme geben, jedoch noch nicht verrühren. Mehl mit Speisestärke und Kakaopulver mischen und über den Eischnee sieben, zum Schluss die gerade noch flüssige Butter hinzugießen. Nun alles mit einem Kochlöffel behutsam, aber zügig verrühren.

Den Teig in die Springform füllen, glatt streichen und auf der mittleren Schiene 50 Minuten backen. Den Kuchen aus dem Ofen nehmen, in der Form 20 Minuten auskühlen lassen, dann vorsichtig aus der Form lösen und auf einem Kuchengitter vollständig erkalten lassen.

Für den Belag die Kirschen mit dem Zucker in einem Topf unter Rühren aufkochen. Den Topf vom Herd nehmen und die Früchte mit dem ausgetretenen Saft abkühlen lassen. Danach in ein Sieb geben und abtropfen lassen, den Saft dabei auf-

Zum Tränken
4 cl Kirschwasser

Außerdem
weiche Butter für die Form,
16 Amarena- oder Belegkirschen,
100 g Zartbitterschokoladenstreusel für die Garnitur

Zubereitungszeit
ca. 50 Minuten (plus Zeit zum Backen und Abkühlen)

fangen (falls Kirschen aus dem Glas verwendet werden, diese nicht kochen, sondern direkt im Sieb abtropfen lassen).

Die Gelatine nach Packungsanweisung in kaltem Wasser einweichen. Die Sahne mit den Rührbesen des Handrührgeräts mit dem Puderzucker steif schlagen. Die eingeweichte Gelatine tropfnass in einem kleinen Topf erwärmen und auflösen. 3 El Schlagsahne dazugeben und mit der Gelatine verrühren. Diese Mischung zur Schlagsahne geben und unterrühren. Bis zur weiteren Verwendung in den Kühlschrank stellen.

Den Biskuitteig zweimal waagerecht durchschneiden und die Böden nebeneinander auf die Arbeitsfläche legen. Zum Tränken der Böden das Kirschwasser mit der gleichen Menge an aufgefangenem Kirschsaft verrühren und mit einem Teelöffel auf den unteren und mittleren Boden träufeln. Die Hälfte der abgetropften Kirschen auf den unteren Boden geben und ein Drittel der Sahne darauf verstreichen. Den mittleren Boden auflegen. Die restlichen Kirschen darauf verteilen und den Boden mit dem zweiten Drittel Sahne bestreichen. Den dritten Boden auflegen, 8 El Schlagsahne in einen Spritzbeutel füllen, mit der restlichen Sahne die Torte rundum bestreichen.

Die Torte rundum mit Schokoladenstreuseln verzieren. Mit dem Spritzbeutel 16 Tupfen auf die Torten dressieren. Auf jede Rosette eine Kirsche drücken. Die Torte bis zum Servieren kalt stellen.

Mehrstöckiger Tortentraum in Rosa

Eine spektakuläre Torte, zumal überall eine kleine Überraschung drinstecken könnte ...

MATERIAL

Je 100 g Baumwoll-Häkelgarn in Hellbraun, Rosa, Pink, Fuchsia, Orange, je 50 g in Grün, Hellgrün, Cremeweiß, Weiß, Rot, Gelb, Braun, Häkelnadel Nr. 2, Nähnadel,
3 Schachteln mit 22 cm, 18 cm bzw. 11 cm Durchmesser, Plastikschälchen mit 11 cm Durchmesser, Füllwatte, Klebstoff, Pinsel

Mehrstöckiger Tortentraum in Rosa

GROSSE SCHACHTEL

Grundform

6 Lfm in Hellbraun anschlagen und mit 1 Km zum Ring schließen

Runde 1: 12 fM in den Ring häkeln und mit 1 Km schließen

Runde 2–30: fM mit Zunahmen (6 pro Runde)

Runde 31: In Fuchsia fM, dabei gleichmäßig verteilt 6 M abnehmen

Runde 32–70: TfM ohne Zunahmen

Runde 71: Km

Deckel

6 Lfm in Orange anschlagen und mit 1 Km zum Ring schließen

Runde 1: 12 fM in den Ring häkeln und mit 1 Km schließen

Runde 2–30: Runden mit Zunahmen

Runde 31: In Fuchsia fM, dabei gleichmäßig verteilt 6 M abnehmen

Runde 32–40: TfM ohne Zunahmen

Runde 41: Km

Sahnedekoration

Mit cremeweißem Garn eine Lfm-Kette vom Umfang der großen Schachtel häkeln und in jede Lfm 7 St arbeiten.

Band

Mit grünem Garn ein Band mit einer festen Masche (siehe S. 8) mit 120 cm Länge und aus cremeweißem Garn mit etwa 90 cm Länge häkeln.

Blüte

6 Lfm in Rosa anschlagen und mit 1 Km zum Ring schließen

Runde 1: 3 Lfm (als St-Ersatz) 23 St in den Ring häkeln und mit 1 Km schließen

Runde 2: * 3 fM, 3 M überspringen, 3 Lfm. Ab * wdh

Runde 3: 1 fM, 4 St in jeden Lfm-Bogen

Runde 4: In Pink * 1 fM zwischen zwei Blütenblätter, 5 Lfm. Ab * wdh

Runde 5: * 1 fM, 1 St, 4 DSt, 1 St, 1 fM in den Lfm-Bogen. Ab * wdh

Insgesamt 6 Blüten häkeln.

MITTLERE SCHACHTEL

Grundform

6 Lfm in Hellbraun anschlagen und mit 1 Km zum Ring schließen

Runde 1: 12 fM in den Ring häkeln und mit 1 Km schließen

Runde 2–24: fM mit Zunahmen

Runde 25: In Pink fM, dabei gleichmäßig verteilt 6 M abnehmen

Runde 26–50: TfM ohne Zunahmen

Runde 51: Km

Deckel

6 Lfm in Orange anschlagen und mit 1 Km zum Ring schließen

Runde 1: 12 fM in den Ring häkeln und mit 1 Km schließen

Runde 2–24: fM mit Zunahmen

Runde 25: In Pink fM, dabei gleichmäßig verteilt 6 M abnehmen

Runde 26–35: TfM ohne Zunahmen

Runde 36: Km

Sahnetupfen

6 Lfm in Weiß anschlagen und mit 1 Km zum Ring schließen

Runde 1: 3 Lfm, 6 dreifache Popcorn-M häkeln: 3x [1 U, in die nächste Lfm einstechen, Faden holen, langziehen], alle M auf der Nadel zus abmaschen. Zum Schluss mit einer Km schließen

Insgesamt 6 Sahnetupfer häkeln.

Mehrstöckiger Tortentraum in Rosa

Band
Mit hellgrünem Garn ein 72 cm langes Band mit einer festen Masche (siehe S. 8) häkeln.

Blüte
Anleitung siehe S. 72

Insgesamt 6 Blüten häkeln.

KLEINE SCHACHTEL
6 Lfm in Hellbraun anschlagen und mit 1 Km zum Ring schließen

Runde 1: 12 fM in den Ring häkeln und mit 1 Km schließen

Runde 2–16: fM mit Zunahmen

Runde 17: In Rosa fM, dabei gleichmäßig verteilt 6 M abnehmen

Runde 18–35: TfM ohne Zunahmen

Runde 36: Km

Deckel
6 Lfm in Orange anschlagen und mit 1 Km zum Ring schließen

Runde 1: 12 fM in den Ring häkeln und mit 1 Km schließen

Runde 2–30: fM mit Zunahmen

Runde 31: In Fuchsia fM, dabei gleichmäßig verteilt 6 M abnehmen

Runde 32–40: TfM ohne Zunahmen

Runde 41: Km

Zuckerguss
6 Lfm in Cremeweiß anschlagen und mit 1 Km zum Ring schließen

Runde 1: 12 fM in den Ring häkeln und mit 1 Km schließen

Runde 2–13: fM mit Zunahmen

Runde 14: Über den Zunahmen der Vorrunde mit 1 hSt, 1 St, 1 DSt, 3–4 Lfm als Lfm-Bogen, fM und St variieren, sodass unregelmäßige Wellenformen entstehen, die an herablaufenden Zuckerguss erinnern

Runde 15: fM

Band
Mit weißem Garn ein 65 cm langes Band mit einer festen Masche (siehe S. 8) und mit braunem Garn ein 35 cm langes Band häkeln.

Tupfen

6 Lfm in Fuchsia anschlagen und mit 1 Km zum Ring schließen

Runde 1: 12 fM in den Ring häkeln und mit 1 Km schließen

Insgesamt 6 Tupfen häkeln.

Herz

11 Lfm in Rot anschlagen

Runde 1: In die 4. M von der Nadel aus einstechen, 3 St, in die folgende M 2 St, 1 Lfm, 2 St, 3 St, 4 St in die letzte Lfm. Auf der Unterseite der Lfm-Kette 1 St in die 2. Lfm, 1 hSt, 1 fM, 1 Km, 1 fM, 1 hSt, 3 St in die letzte Lfm, mit 1 Km in die dritte Anfangs-Lfm schließen

Runde 2: 3 Lfm, 5 St, in den Lfm-Bogen 2 St, 1 Lfm, 2 St, St in die folgenden 4 M, die nächsten 4 St verdoppeln, 2 hSt, 4 fM, 2 hSt, die letzte M 3 St häkeln, mit 1 Km in die dritte Anfangs-Lfm schließen

Insgesamt vier Herzhälften häkeln.

FERTIGSTELLUNG

Große Schachtel: Bänder und Blüten auf den Schachtelrand nähen, die Sahne an den Rand des Deckels.

Mittlere Schachtel: Band und Blüten auf den Schachtelrand nähen, die Sahnetupfer auf die Oberseite des Deckels. Die Schachteln vor dem Beziehen mit Klebstoff bestreichen.

Kleine Schachtel: Jeweils zwei Herzteile zusammennähen und vor dem Schließen mit Füllwatte ausstopfen. Auf den Zuckerguss nähen. Zuckerguss auf den Deckel nähen. Schachtelrand mit Band und Tupfen bestücken. Die Schachtel mit Klebstoff bestreichen und die Teile zusammensetzen.

Den gewölbten Deckel (Schüsselchen) an den oberen Rand der kleinen Schachtel nähen. Die Naht mit dem braunen Band verdecken.

Hochzeitskuchen mit Rosenblüten

Eine märchenhafte Torte. Jetzt fehlen nur noch die Turteltauben – und natürlich das glückliche Brautpaar!

MATERIAL

250 g Baumwoll-Häkelgarn Cremeweiß, je 50 g in Rosa und Weiß,
Häkelnadel Nr. 2, Nähnadel und passendes Nähgarn,
3 runde Schachtel mit 24 cm, 15 cm bzw. 10 cm Durchmesser,
Klebstoff, Pinsel

Hochzeitskuchen mit Rosenblüten

GROSSE SCHACHTEL

Grundform

6 Lfm in Cremeweiß anschlagen und mit 1 Km zum Ring schließen

Runde 1: 12 fM in den Ring häkeln und mit 1 Km schließen

Runde 2–34: fM mit Zunahmen

Runde 35–70: TfM ohne Zunahmen

Runde 71: Km

Deckel

6 Lfm in Cremeweiß anschlagen und mit 1 Km zum Ring schließen

Runde 1: 12 fM in den Ring häkeln und mit 1 Km schließen

Runde 2–35: fM mit Zunahmen

Runde 36–47: TfM

Runde 48: Krm

MITTLERE SCHACHTEL

Grundform

6 Lfm in Cremeweiß anschlagen und mit 1 Km zum Ring schließen

Runde 1: 12 fM in den Ring häkeln und mit 1 Km schließen

Runde 2–20: fM mit Zunahmen

Runde 21: fM, dabei gleichmäßig verteilt 6 M abnehmen

Runde 22–36: TfM

Runde 37: Km

Deckel

6 Lfm in Cremeweiß anschlagen und mit 1 Km zum Ring schließen

Runde 1: 12 fM in den Ring häkeln und mit 1 Km schließen

Runde 2–21: fM mit Zunahmen

Runde 22: fM, dabei gleichmäßig verteilt 6 M abnehmen

Runde 23–32: TfM

Runde 33: Krm

KLEINE SCHACHTEL

Grundform

6 Lfm in Cremeweiß anschlagen und mit 1 Km zum Ring schließen

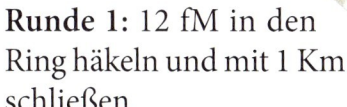

Runde 1: 12 fM in den Ring häkeln und mit 1 Km schließen

Runde 2–12: fM mit Zunahmen

Runde 13: fM, dabei gleichmäßig verteilt 6 M abnehmen

Runde 14–33: TfM

Runde 34: Km

Deckel

6 Lfm in Cremeweiß anschlagen und mit 1 Km zum Ring schließen

Runde 1: 12 fM in den Ring häkeln und mit 1 Km schließen

Runde 2–13: fM mit Zunahmen

Runde 14: fM, dabei gleichmäßig verteilt 6 M abnehmen

Runde 15–21: TfM

Runde 22: Krm

Rosen

Die Dekoration besteht aus 14 großen, 8 mittelgroßen Rosen und 8 Knospen in den Farben Weiß, Cremeweiß und Rosa.

Große Rose

63 Lfm anschlagen

Reihe 1: 1 St in die 6. M von der Nadel aus, * 2 Lfm überspringen und 1 St, 2 Lfm, 1 St in die nächste M häkeln. Ab * 14x wdh; in die letzten 15 Lfm 5 Muscheln mit hSt häkeln

Reihe 2: Je 2 hSt, 2 Lfm, 2 hSt in die ersten vier Lfm-Bögen, in die folgenden Bögen je 2 St, 2 Lfm, 2 St

Reihe 3: Zwischen die 15 St-ZR je 7 St, 1 fM, dann je 7 hSt in die restlichen Lfm-Bögen

Mittelgroße Rose

33 Lfm anschlagen

Reihe 1: 1 St in die 6. M von der Nadel aus, * 2 Lfm überspringen und 1 St, 2 Lfm, 1 St in die nächste M häkeln. Ab * 7x wdh; in die letzten 9 Lfm 3 Muscheln mit hSt häkeln

Reihe 2: Je 2 hSt, 2 Lfm, 2 hSt in die ersten drei Lfm-Bögen, in die folgenden Bögen je 2 St, 2 Lfm, 2 St

Reihe 3: Zwischen die 8 St-ZR je 7 St, 1 fM; je 7 hSt in die restlichen Bögen

Hochzeitskuchen mit Rosenblüten

Knospe

18 Lfm anschlagen

Reihe 1: 1 St in die 6. M von der Nadel aus, * 2 Lfm überspringen und 1 St, 2 Lfm, 1 St in die nächste M häkeln. Ab * 5x wdh

Reihe 2: Je 2 hSt, 2 Lfm, 2 hSt in die Lfm-Bögen

Reihe 3: Je 7 St, 1 fM zwischen zwei Lfm-Bögen

Blatt

11 Lfm in Rosa anschlagen

Runde 1: In die 2. M von der Nadel aus einstechen, 3 fM, 3 hSt, 2 St arbeiten, 6 St in die letzte Lfm. Auf der Unterseite der Lfm-Kette 2 St, 3 hSt und 3 fM, mit 1 Km schließen

Runde 2: Mit weißem Garn Krm

Die Mittelader des Blattes mit weißem Kettenstich aufsticken.

Insgesamt 15 Blätter häkeln.

Bänder

Mit rosa Garn für die mittlere Torte ein 50 cm langes Band mit einer festen Masche (siehe S. 8) und für die große Torte ein 80 cm langes Band häkeln. An das lange Band wird eine Rüsche wie folgt angehäkelt.

Reihe 1: In die erste Schlinge des Bandes anmaschen und 3 Lfm häkeln, * 1 Lfm, 1 Schlinge überspringen, 1 St. Ab * wdh

Reihe 2: * 1 fM, 1 Lfm, 1 M der Vorreihe überspringen, 4 St, 1 Rüsche (4 Lfm, 1 fM in die 1. Lfm), 4 St in eine M, 1 Lfm. Ab * wdh

FERTIGSTELLUNG

Die Spitzenborte um die große Schachtel nähen. Das einfache Band um die mittlere Schachtel nähen. Alle Schachteln beziehen.

Rosen und Blätter als Kaskade an die Schachteln nähen.

Die Unterseite der mittleren Schachtel mit Klebstoff bestreichen und auf die große Schachtel setzen.

REZEPT

HOCHZEITSTORTE

Den Backofen auf 175 °C vorheizen. Vanillemark mit Butter und Zucker schaumig rühren. Eier einzeln unterrühren. Das Mehl mit Backpulver mischen und mit der Sahne unter die Eier-Butter-Mischung rühren. Kokosraspel, Zitronenzesten und Sirup unterheben. Den Teig in die Formen füllen und auf der mittleren Schiene backen: die große Form 50 Minuten, die kleine 40. Herausnehmen, kurz ruhen lassen, dann aus der Springform nehmen und abkühlen lassen. Himbeergelee erwärmen und glatt rühren. Abgekühlte Kuchen halbieren und mit 3/4 des Gelees bestreichen. Wieder zusammensetzen. Die Oberseiten der Kuchen begradigen. Den kleinen Kuchen mit dem restlichem Himbeergelee auf den großen Kuchen „kleben". Auf ein Kuchengitter stellen. 1 Eiweiß mit 250 g Puderzucker und der Hälfte des Zitronensafts zu einem dicken Guss verrühren. Torte von oben nach unten damit überziehen und 1 Stunde trocknen lassen. Dann mit dem restlichen Eiweiß, 250 g Puderzucker und dem restlichen Zitronensaft den Vorgang wiederholen. Erneut trocknen lassen. In der Zwischenzeit den restlichen Puderzucker mit dem Marzipan verkneten. Marzipan einfärben und zwischen zwei Lagen Backpapier portionsweise dünn ausrollen. Herzen in unterschiedlicher Größe ausstechen und die Torte damit verzieren.

Für den Teig
Mark von 1 Vanilleschote, 375 g Butter, 350 g Zucker, 9 Eier, 600 g Mehl, 5 Tl Backpulver, 100 g Sahne, 200 g Kokosraspel, Zesten von 1 unbehandelten Zitrone, 4 El Holunderblütensirup, 300 g Himbeergelee

Außerdem
2 Springformen (20 und 26 cm Ø, eingefettet), 2 Eiweiß, 550 g Puderzucker, 5 El Zitronensaft, 200 g Marzipanrohmasse, rote Lebensmittelfarbe

Zubereitungszeit
ca. 1 Stunde (plus Back- und Ruhezeit sowie Zeit zum Trocknen)

Schiefer Schachtelturm

Dieser bunte Schachtelstapel ist einfach ...
verrückt und witzig.

MATERIAL

100 g Baumwoll-Häkelgarn für Nadelstärke 2 in Orange, je 50 g in
Sonnengelb, Hellgelb, Lindgrün, Braun, Hellblau,
Pink, Altrosa, Beige, Cremeweiß,
je 50 g Baumwoll-Häkelgarn für Nadelstärke 1,5 in Rosa, Altrosa, Violett,
Rubinrot, Häkelnadeln 1,5 und 2,
quadratische Schachtel mit 16 cm Seitenlänge, runde Schachtel mit 10 cm
Durchmesser, ovale Schachtel mit 8 x 6 cm, 6 Papierkugeln mit 2 cm und
3 Kugeln mit 1 cm Durchmesser, Styroporkugel mit 4 cm Durchmesser,
Becher mit 3–4 cm Durchmesser, Klebstoff, Pinsel

Schiefer Schachtelturm

QUADRATISCHE SCHACHTEL

Grundform

36 Lfm in Orange anschlagen

Reihe 1–40: 35 fM

Runde 41: Kanten des Quadrats mit je 35 fM umhäkeln

Runde 42–61: TfM

Runde 62: Km

Deckel

37 Lfm in Orange anschlagen

Reihe 1–40: 36 fM

Runde 41: Kanten des Quadrats mit je 36 fM umhäkeln

Runde 42–48: TfM

Runde 49: Krm

Wimpelbordüre

Eine Kette mit insgesamt 20 Wimpeln häkeln.

Dafür * 9 Lfm in Braun anschlagen

Reihe 1: 8 fM

Reihe 2: 3 fM, 1 M überspringen, 4 fM

Reihe 3: 3 fM, 1 M überspringen, 3 fM

Reihe 4: 2 fM, 1 M überspringen, 3 fM

Reihe 5: 2 fM, 1 M überspringen, 2 fM

Reihe 6: 1 fM, 1 M überspringen, 2 fM

Reihe 7: 1 fM, 1 M überspringen, 1 fM

Reihe 8: 1 fM, 1 Lfm, 7 Km bis zur Basis des Dreiecks. Ab * fortlaufend wdh

Kleine Wimpelbordüre

Eine Kette mit insgesamt 32 Wimpeln häkeln.

Dafür * 6 Lfm in Sonnengelb anschlagen

Reihe 1: In die 2. M von der Nadel aus einstechen, 1 Km, 1 fM, 1 hSt, 1 St, 1 DSt. Ab * fortlaufend wdh

Windrad aus Spiralbändern

Sechs 15 cm lange Bänder mit einer festen Masche (siehe S. 8) in unterschiedlichen Farben mit Häkelnadel Nr. 1,5 arbeiten. Je zwei Bänder spiralförmig aufrollen und auf die den Deckel nähen.

RUNDE SCHACHTEL

Grundform

6 Lfm in Himmelblau anschlagen und mit 1 Km zum Ring schließen

Reihe 1: 12 fM in den Ring häkeln und mit 1 Km schließen

Runde 2–12: fM mit Zunahmen

Runde 13: fM , dabei gleichmäßig verteilt 6 M abnehmen

Runde 14–34: TfM ohne Zunahmen

Runde 35: Km

Deckel

6 Lfm in Himmelblau anschlagen und mit 1 Km zum Ring schließen

Reihe 1: 12 fM in den Ring häkeln und mit 1 Km schließen

Runde 2–12: fM mit Zunahmen

Runde 13: fM, dabei gleichmäßig verteilt 6 M abnehmen

Runde 14–21: TfM

Runde 22: Krm

Sahnerüsche

10 Lfm in Cremeweiß anschlagen

Reihe 1: 2 St in die 7. M von der Nadel aus, 1 Lfm, 2 M überspringen, 1 St

Runde 2: Die Arbeit um 90° drehen. Zwischen die beiden St einstechen und 5 St rittlings um das 1. St, 1 Lfm, wieder um 90° drehen und um das 2. St eben-

Schiefer Schachtelturm

falls 5 St häkeln, mit 1 Km in die 5. Anfangs-Lfm schließen

Runde 3: 4 Lfm, 2 St in die Mitte der St-Gruppe der Vorrunde, 1 Lfm, 1 St in das 1. St der Vorrunde

Runde 4: Wie Runde 2, 1 Km in die 3. Lfm

ab Runde 5: 3. und 4. Reihe wdh

Insgesamt 29 Sahnetupfen häkeln.

Cremeschicht

6 Lfm in Hellgelb anschlagen und mit 1 Km zum Ring schließen

Runde 1: 12 fM in den Ring häkeln und mit 1 Km schließen

Runde 2–9: fM mit Zunahmen

Runde 10: Über den Zunahmen der Vorrunde 1 hSt, 1 St, 1 DSt, 5–6 Lfm, in Lfm-Bogen fM und St, sodass Wellenformen entstehen, die an herablaufende Creme erinnern

Runde 11: fM

Eine zweite, kleinere Cremeschicht aus hellgrünem Garn arbeiten.

Kugeln

2 Lfm in Lindgrün anschlagen

Runde 1: 6 fM in die 2. Lfm, dabei den Anfangsfaden mit einarbeiten und straffziehen

Runde 2: Jede zweite M verdoppeln

Runde 3–4: fM mit Zunahmen

Runde 5: fM ohne Zunahmen, Faden lang abschneiden, hängen lassen

Eine zweite Halbkugel arbeiten. Die Papierkugel damit überziehen und die Häkelhälften durch beide Maschenglieder zusammennähen.

Insgesamt fünf Kugeln arbeiten.

OVALE SCHACHTEL

Grundform

7 Lfm in Altrosa anschlagen

Runde 1: 2 fM in die 2. M von der Nadel aus, 4 fM, 4 fM in die letzte Lfm, auf der Unterseite der Lfm-Kette 4 fM, 2 fM in die Anfangs-Lfm, mit 1 Km schließen

Runde 2: 2 M verdoppeln, 4 fM, 4 M verdoppeln, 4 fM, 2 M verdoppeln, mit 1 Km schließen

Runde 3–9: fM, dabei die M der Rundung verdoppeln

Runde 10: fM, dabei gleichmäßig verteilt 6 M abnehmen

Runde 11–18: TfM ohne Zunahmen

Runde 19: Km

Deckel

7 Lfm in Altrosa anschlagen

Runde 1: 2 fM in die 2. M von der Nadel aus, 4 fM, 4 fM in die letzte Lfm, auf der Unterseite der Lfm-Kette 4 fM, 2 fM in die Anfangs-Lfm, mit 1 Km schließen

Runde 2: 2 M verdoppeln, 4 fM, 4 M verdoppeln, 4 fM, 2 M verdoppeln, mit 1 Km schließen

Runde 3–10: fM, dabei die M der Rundung verdoppeln

Runde 11: fM, dabei gleichmäßig verteilt 6 M abnehmen

Runde 12–18: TfM ohne Zunahmen

Runde 19: Krm

Sahne

Mit pinkfarbenem Garn ein 25 cm langes Band mit einer Masche (siehe S. 8) häkeln

Reihe 1: * in die Schlinge des Bandes 4 St zus abgemascht, 1 Km in die folgende Schlinge. Ab * an bis zum Ende des Bandes wdh

Reihe 2: Auf der anderen Seite des Bandes wdh

Kugeln (klein)

2 Lfm in Violett anschlagen

Runde 1: 6 fM in die zweite Lfm, dabei den Anfangsfaden mit einarbeiten und straffziehen

Runde 2: Jede zweite M verdoppeln

Runde 3: Jede dritte M verdoppeln

Runde 4: fM ohne Zunahmen

Schiefer Schachtelturm

Eine zweite Halbkugel arbeiten. Die Papierkugel damit überziehen und die Häkelhälften durch beide Maschenglieder zusammennähen.

Insgesamt drei Kugeln arbeiten.

CUPCAKE

Grundform

13 Lfm in Beige anschlagen

Reihe 1: In die 4. M von der Nadel aus einstechen, 4 St und 5 hSt

Reihe 2: 2 Lfm, 4 hSt, 5 St, dabei nur in das vordere Maschenglied einstechen

Reihe 3: 3 Lfm, 4 St, 5 hSt, dabei nur in das hintere Maschenglied einstechen

Reihe 2 und 3 stets wdh, bis 17 Reihen erreicht sind

Die obere (weitere) Kante wird mit einer Reihe fM und einer Reihe Krm eingefasst, Seitenkanten zusammennähen

Für den Boden eine Scheibe mit 4 Runden häkeln und mit der Grundform zusammennähen.

Deckel

6 Lfm in Rubinrot mit Häkelnadel 1,5 anschlagen und mit 1 Km zum Ring schließen

Runde 1: 12 fM in den Ring häkeln und mit 1 Km schließen

Runde 2–6: fM mit Zunahmen

Runde 7–10: fM ohne Zunahmen

Sahne

6 Lfm in Weiß anschlagen und mit 1 Km zum Ring schließen

Runde 1: 3 Lfm, 6 dreifache Popcorn-M häkeln: 3x [1 U, in die nächste Lfm einstechen, Faden holen, langziehen], alle M auf der Nadel zus abmaschen. Zum Schluss mit einer Km schließen

Insgesamt zwei Sahnetupfer häkeln.

Kugel

Mit braunem Garn, *Anleitung siehe lindgrüne Kugel (S. 104)*

FERTIGSTELLUNG

Quadratische Schachtel: Die braune Wimpelkette an der unteren Kante der Schachtel annähen, die gelbe an den Deckel. Die drei Windräder auf den Deckel nähen. Die 5 lindgrünen Kugeln auf der unteren Schachtel fixieren.

Runde Schachtel: Die Sahneschicht am Deckel befestigen. Die beiden Zuckergussschichten werden so auf den Deckel genäht, dass beide Farben sichtbar sind. Die violetten Kugeln auf dem Deckel fixieren.

Ovale Schachtel: Die rosafarbenen Sahnebänder verzieren den Deckel.

Cupcake: In die Grundform wird ein Schaumstoffball gelegt; Sahnetupfer und Praliné werden auf den Deckel genäht, bevor dieser auf die mit Leim bestrichene Grundform gesetzt wird. Die Sahnetupfer werden um den Cupcake herum dekoriert. Zum Schluss alle Schachteln schön schief aufeinandernähen.

Register

Einleitung	4
Schokoladenbecher	14
Blaubeer-Cupcakes mit Sahne	17
Lollipops in Regenbogenfarben	18
Konfetti-Cake-Pops	21
Lebkuchenmännchen	22
Pfefferkuchenmännchen	27
Macarons … wie echt	28
Erdbeer-Macarons mit Minze	31
Erdbeer-Cupcakes	32
Kiwi-Cupcakes … voller Überraschungen	36
Fantastische Muffins mit Obst	40
Orangen-Muffins mit Mandeln	43
Hundeplätzchen	44
Cannoli – wie aus Sizilien	48
Sizilianische Cannoli	51
Kleiner Zuckerhut	52
Schokoladentörtchen	56
Schokotörtchen	61
Weihnachtstörtchen	62
Obsttörtchen	66
Ostereier	70
Eine Cassata zum Verlieben	74
Obsttorte	78
Schwarzwälder Torte	82
Schwarzwälder Kirschtorte	86
Mehrstöckiger Tortentraum in Rosa	88
Hochzeitskuchen mit Rosenblüten	94
Hochzeitstorte	99
Schiefer Schachtelturm	100